U0486591

Flexible Leadership

柔性领导力

李小艳 ◎ 著

中华工商联合出版社

图书在版编目(CIP)数据

柔性领导力 / 李小艳著. —北京：中华工商联合出版社，2022.7

ISBN 978-7-5158-3514-3

Ⅰ.①柔… Ⅱ.①李… Ⅲ.①领导学 Ⅳ.①C933

中国版本图书馆CIP数据核字（2022）第122416号

柔性领导力

作　　者：	李小艳
出 品 人：	刘　刚
责任编辑：	胡小英　楼燕青
装帧设计：	回归线视觉传达
责任审读：	付德华
责任印制：	迈致红
出版发行：	中华工商联合出版社有限责任公司
印　　刷：	香河县宏润印刷有限公司
版　　次：	2022 年 10 月第 1 版
印　　次：	2022 年 10 月第 1 次印刷
开　　本：	710mm×1000mm　1/16
字　　数：	220 千字
印　　张：	13.5
书　　号：	ISBN 978-7-5158-3514-3
定　　价：	58.00 元

服务热线：010—58301130—0（前台）
销售热线：010—58302977（网店部）
　　　　　010—58302166（门店部）
　　　　　010—58302837（馆配部、新媒体部）
　　　　　010—58302813（团购部）
地址邮编：北京市西城区西环广场 A 座
　　　　　19—20 层，100044
http://www.chgslcbs.cn
投稿热线：010—58302907（总编室）
投稿邮箱：1621239583@qq.com

工商联版图书
版权所有　侵权必究

凡本社图书出现印装质量问题，请与印务部联系。
联系电话：010—58302915

前言

柔的力量

女性是创造人类社会文明和推动人类社会文明进步的重要力量。女性的发展水平是衡量社会发展水平的重要尺度之一。

时代变化对包容力和直觉力的需求，社会进步对女性独立自主意识的唤醒，科技发展使体能限制的降低，管理工作从"纯理性"向"感性力"的倾斜，给予了女性超越和发展的机会，"女性崛起"已经成为不容忽视的主题。

越来越多的女性不断增长和发挥自己的能力，在方方面面打破传统，她们步入职场，她们踏入赛场，她们走向战场……一些卓越的女性在各领域担任高级领导职位，以她们特有的魅力成就自己、创造辉煌。

马乔里·斯卡迪诺，培生集团前任 CEO；

琳达·库克，壳牌天然气及能源公司行政总裁；

朱迪·福克纳，医疗保健巨头 Epic Systems 公司创始人；

黛安·冯·芙丝汀宝，创立美妆品牌 DVF；

安妮·洛韦容，"核能女王"，法国阿海珐集团创始人；

托里·伯奇，奢华时尚生活方式品牌 Tory Burch 的执行主席兼首席创意官；

基兰·玛兹穆德·肖，印度最大的生物制药科技公司百康公司的创始人；

弗罗伦索·阿拉基贾，创立高档服装品牌 Supreme Stitches 和法姆法石油公司，尼日利亚唯一的女亿万富豪；

……

以上是一串熠熠生辉的名字，仅仅在商业领域就有数不清的女性依靠自身能力打破了刻板的性别印象，赢得了属于自己的一片天空。还有更多的"她们"已经成为或正在努力成为受人瞩目的商界领袖。

在越来越多的女性取得更大个人发展的当代，对于女性在领导力方面展现出的特质和优势的研究也日益丰富。"女性领导力"的概念被提出来，但性别只是造成领导力风格差异的变量之一，男性领导者与女性领导者呈现出的行为随着时代进步与管理需求的变化愈发同质化，刻意区分领导力的性别属性已经没有意义，去性别标签势在必行，于是"柔性领导力"的概念顺势而生。

跳出一维性别视角，借鉴二维性别模型，"柔性领导力"更强调行为风格的差异。这是一种必然的进步。

二维性别模型是一个以外显特征来动态识别领导力性别差异的框架，但这些特征并不应该专属女性或男性。二维性别模型由桑德拉·贝姆在1974年提出。她认为，优秀的领导者在行为上一定更加协调，是男性特点和女性特点以不同比例调和而成的综合体，能够有效融合男性领导风格和女性领导风格。具有双性化领导风格的领导者比极度男性化或极度女性化的领导者的心理调适能力更强，更容易取得成功。

因此，领导力不应根据性别判断差异，而应根据个体的外显行为和内在风格寻找差异。优秀的女性领导者身上必然具有传统意义上男性常具备的开拓精神、冒险精神等，优秀的男性领导者身上也一定具有传统意义上女性常具备的亲和力、细致性。

通过以上论述可知,"柔性领导力"是动态的,是归纳的当今更多外显在女性领导者身上的领导力特质;"柔性领导力"是适应性的,其领导力特质是适应具体管理情境和团队心智的;"柔性领导力"是可习得的,两性领导者可以相互学习。

"柔性领导力"包含三个方面的领导力特质:全面性、同理心和复原力。即工作风格更加全面、平衡,人际互动与团队协作中更具同理心,面对挫折与挑战更擅长自我调节、复原力更强。这些特质在两性领导者身上都有展现,只是女性身上更为突出。

这个时代,在企业内部和企业之间都有更加平等、开放、互惠的文化。成功的领导者需要与他人连接、共情、赋能,"柔性领导力"的三个维度——全面性、同理心和复原力都是他人导向的。特别是同理心,更被称为管理者"元能力",很多其他的重要能力都是从这个"元能力"演化而来的,如管理能力、销售能力和沟通能力。

直播带货行业中,那些有更全面、更综合的品类和人群覆盖直播的主播都具备更好的连接性和共情力,能够兼顾不同受众的需求,也能与合作伙伴——直播嘉宾有更好的配合度。通过这个行业可以看到,两性的性别优势可以有更多方式的排列组合,呈现出不同的个性化风格,迎合更加多元、分众化的消费需求和管理需求。

总之,"柔性"不是单方面强调女性领导者的优势和存在必要,而是在认知女性作为领导者的行为风格的基础上,融入男性领导者的行为风格,形成更加有力的、复合型的"柔性领导力"。

目录

第一章 柔性领导力的源起

内在的天花板 / 3

性别的价值意识 / 7

柔性的力量 / 10

两性领导力的同质化 / 13

第二章 柔性领导力多视角评估

领导力之性别视角 / 20

领导力之人格视角 / 22

领导力之情境视角 / 24

领导力之情商视角 / 27

领导力的两个测评方法 / 30

第三章　柔性领导力的理论基础

管理方格理论：关系型管理或任务型管理 / 37

路径—目标模型：根据成员特质和环境完善行为方式 / 40

行动中心领导三维模型：平衡任务、团队和个人 / 42

乔哈里视窗理论：领导者自我意识的发现与反馈 / 44

领导行为理论：绩效导向或维持群体关系导向 / 47

第四章　柔性领导力之刚柔并济

定制度是刚性领导力的根 / 54

设目标是刚性领导力的茎 / 55

树权威是刚性领导力的花 / 58

组织文化是柔性领导力的种子 / 60

钝感力是柔性领导力的叶子 / 62

刚柔并济是柔性领导力的果实 / 65

第五章　柔性领导力之适当形态

"我来决定，你来做"——指令型状态 / 72

"我们探讨，我来决定"——教练型状态 / 74

"我们探讨，我们决定"——支持型状态 / 76

"你来决定，你来做"——授权型状态 / 79

第六章　柔性领导力之风度与格调

从错综复杂中发现简洁之路 / 85
张弛有度的节奏，是对整体性的把握 / 92
建设积极的心理品质 / 98
自信让你活成想要的模样 / 100
专注于当下，战胜内心的"猴子" / 102
复盘是成就明天的筑基石 / 108

第七章　柔性领导力之自我管理

情绪稳定，给他人积极的影响力 / 116
有效倾听，建立与员工的情感账户 / 120
反观自省，在反馈中创造同频 / 123
同理共情，协助他人突破成长 / 128
表达尊重，引导并给他人选择权 / 133
关注心声，善待他人的情感 / 136

第八章　柔性领导力之团队管理

对话机制，形成共识 / 142
明确目标，看见结果 / 145
反馈系统，上下通达 / 149

有效激励，关爱成长 / 152

人岗匹配，知人善任 / 155

上下同频，形成合力 / 159

冲突管理，降低情感型冲突 / 164

第九章　柔性领导力之压力管理

转化原则：重新定义压力 / 175

次序原则：面对、接受、解决、放下 / 179

拆分原则：重建认知，分解问题，拆分目标 / 182

并轨原则：压力与绩效的正向促进关系 / 186

第十章　柔性领导力之韧性管理

认知层：觉察自我认知模式，树立正知正见 / 192

行动层：在规律中破局，相信无限可能性 / 193

意识层：新思维的创造力，危中亦有机 / 196

导流层：看见一切背后的美善，成为美好的存在 / 198

柔性力量的工作艺术 / 201

第一章
柔性领导力的源起

大量的研究表明，生理因素对性别的心理差异并不起决定性作用，社会文化因素对性别心理差异的形成有更关键的作用。其依靠着意识形态领域内的权威性和浸透社会生活的传统文化观念的影响力，塑造着个体的性别角色与在社会中对性别规范和身份的认同。

当性别和社会性别的行为和认知形成后，刻板印象便随之产生。刻板印象在性别领域里的表现就是简单地、快速地把他或她进行分类，分成男性或者女性，然后自动化地把常规印象中的男性特质或女性特质与其进行关联。男性应该是阳刚的、理性的、独立的、以事业为中心的，女性应该是阴柔的、感性的、依赖的、以家庭为中心的。进而再对男性和女性的工作类型和工作状态进行归类：男性应该从事什么工作，女性应该从事什么工作……

但是，性别刻板印象绝非一成不变，作为一种观念体系，它必然会随着社会发展环境的不同、人类认知状态的多元化、科技发展水平的急速提高而发生变化。

内在的天花板

今天，对于"男女平等"已经在世界范围内形成广泛共识，越来越多的女性在领导岗位上取得了卓越的成就。

但在很多社会现实中，性别关系体系中存在着两元对立结构，不同性别被赋予了不同的权利和地位，即将性别关系转换为权利关系。权利的一方是男性，掌握着社会中更多的权力和资源；权力的另一方是女性，被社会文化和制度培育成为劣势一方。性别关系的倾斜构建导致了男女社会生活中自我认知的不平等，直接的表现是地位、机会和权力的不平等。男性和女性的角色也因此被赋予了不同的价值，男性普遍被认为是理性、客观、独立，具有领导气质的，女性则被认为是非理性的、被动的、柔弱的，依赖强者的。

这种对立结构形成了对领导者的刻板印象，男性领导往往成为人们心中的典范，而女性领导遭遇排斥和质疑的情况时有发生。尤其是在男性占主导地位的环境中，如高度男性化的建筑行业，女性领导者在通往成功的路上遇到的障碍和阻力会更大。虽然很多女性在各个领域打破了领导性别藩篱，人们的意识已经发生巨大变化，但关于领导者性别的刻板印象依然会对女性领导者产生很大的负面影响。

性别的刻板印象必然产生对女性领导者的偏见，这种偏见会使人的眼睛蒙尘，忽视女性领导者的工作能力。持有这种刻板印象的人在对女性领导者的工作能力和绩效进行预期时，很可能因为担心其不具备男性领导特质而对其能否胜任工作产生怀疑，甚至会直接断定其必将失败。前惠普首席执行官卡莉·菲奥莉娜回忆自己的领导经历时曾感慨："从第一天开始，我就难以逃脱别人给我扣上女首席执行官卡莉·菲奥莉娜的帽子，也从来没能逃脱媒体无情的冷嘲热讽。"

对领导力进行判断和评价的方式有很多种，是否完成工作只是其中一种，还可以从个体的行为风格上进行判断。如保持谦逊是很好的领导者品格，如果领导者是男性，他会因为谦逊得到赞美和认可；但如果领导者是女性，人们会将她的谦逊解读为不够自信。现实中，很多对女性领导者的要求都是相互矛盾的，一方面，希望女性领导者不要表现得强势和张扬；另一方面，又对谦逊温和的女性领导者不够信任，认为其缺乏作为领导者的自信。

鉴于矛盾的现实，女性领导者需要在工作中不断证明自己的能力，才能被持续性认可和信任。为什么要强调"持续性"？因为人们给女性领导者的容错空间缺乏，人们会过度解读女性领导者的工作失误，加深女性不具备领导力的刻板印象。相比较而言，人们给男性领导者的容错空间大太多，哪怕是巨大的错误，人们也只会认为"谁能不犯错误呢"！

正因为对女性能力的各种质疑，女性获得成功往往被看作是"运气好"，是"意外"，因此女性的成功也更容易受到忽视。我们都知道通往成功的路是异常艰难的，但收获成功后的喜悦也是格外甜蜜的，但显然一些优秀的女性领导者并未收获那份甜蜜，反而收获了更大的苦恼。总有一些男性不愿意接受自己是由于能力不够而导致竞争失败，反而偏激地认为女性获得领导岗位只是因为"她是女的"，是企业要平衡男女领导比例才牺牲了自己。他们会谴责女性成功，并为自己的失败找到看似合理的解释。

质疑一旦多了，不仅质疑的一方深信不疑，被质疑的一方也会深受影响，现实中就有许许多多的女性内化了这些质疑，在心理上产生了"玻璃天花板"。天花板被形容为一件事情的顶点，是人们要努力争取够到和打破的。其实，大多数人终其一生都难以企及自己所在领域的天花板，毕竟太高了。但不是所有天花板都高不可攀，有一些天花板的高度很矮，属于伸伸手、跳一跳就够得到的，而且很脆弱，不用费力就能打破。这些就是"玻璃天花板"，并非行业高度，而是人内心设置的障碍高度。

女性在工作中的"玻璃天花板"就是将外部障碍内化的心理障碍，从而在工作中没有信心从事能促进自我发展的工作，面对挑战和危机时也不愿意采取果断性或创造性行为。但只有在艰难、繁重、高危的工作中不断历练，取得进步，才能不断提升工作能力和领导能力。当女性对自身评价较低时，便不会主动争取她们想要或者需要的东西。女性在"玻璃天花板"下的主动退让和性别刻板印象一触即合，进一步强化了"女性不适合担任领导角色"的偏见，而且女性的退让也成为女性没有领导能力的"有力证据"。

现在清楚了，"玻璃天花板"形成了闭环。性别刻板印象导致女性的自我评价降低，导致女性不敢承担有助于自我提高的工作或者直接退出竞争，进一步导致社会上对女性性别弱势的论断产生，进一步增强了性别刻板印象——"玻璃天花板"在不断降低。

想要击碎"玻璃天花板"，女性要做的不是与现实论短长，而是勇于实践，立场鲜明地要求承担富有挑战性的工作任务，并在逆境中反复地、不断地展现自己。在这个过程中，女性可能会遭遇"双标"，那些积极为自己争取利益的女性往往会被视为盛气凌人、难以合作，甚至是不近人情，但不这样做又会被忽视。美国明尼苏达大学商业管理学安·康明斯教授指出："男性和女性做同样的事情，如果他们都表现得很自信，人们对女性工作效率的评价也是偏低的。"理解这句话很容易，因为人们会自动降低对女性自信的认可度，甚至会从反面解读女性的自信——认为是不够自信才故意表现得自信。也就是说，在相同的条件下，男性和女性都取得了相同的工作成绩，人们对两者的工作效率却有不同的看法。

曾任剑桥大学商学院院长的桑德拉·道森曾说过非常经典的一句话："超越女性看问题，可能是一种挑战。"试想，当某场合中只有一个女性时，男人们往往很难超越一种思维——这是女人在发言。当一个场合内有几位女性，甚至女性的比例近半、过半时，就会促使男人们采用一种完全不同的视角——她的意见很不错。此时的对象是这个人，脱离了性别限制，被关注的只有她的意见，而不是她的性别。

对于女性来说，主动打破"玻璃天花板"，赢回自己身为女性的价值感，更为关键的是必须有超越性别的价值意识，发挥生命本真的天赋与力量。

性别的价值意识

因为生物性别的存在，人们从出生成长到有性别意识开始，就是单性化个体认知——"我是男孩"或"我是女孩"。单性化个体认知造成的最直接后果就是性别的刻板划分出现，到人们步入工作阶段后就成为性别隔离，即常规意义上的男性和女性分别适合什么类型的工作。比如，当人们想到护士、教师、编辑、助理时常会想到女性，很多父母也认为女孩子就该做这样的"温室工作"；当人们想到长途司机、建桥修路工人、维修养护工人等时则认为男性更能胜任。即便对一些现代认知中男性和女性都可从事的工作，如律师、医生，一些人也会从两性的性格特征进行分析，认为男性可能会比女性做得更好一些。甚至同一类工作因为所处的环境不同，会被细分为适合男性或女性的，如记者和战地记者，前者女性做更适合，后者显然应该由男性去做。如果是那些听起来就很爷们的工作更是男性的专属，如机械制造、军事领域、安保领域、高科技领域工作。

以上种种工作中的性别隔离其实早已被很多女性打破了，一些男性也在帮忙打破。推迟一年举行的东京奥运会上，在男子十米气手枪射击决赛中，一名伊朗"大叔"摘得桂冠。称其为大叔毫不为过，因为他已经41

岁了，在不拼年龄的射击项目中也属于老将了。贾瓦德37岁时才半路出家，苦练四年成为奥运冠军，但直到站上最高领奖台的那一刻，他的职业依然是夜班护工，就是男护士。练习射击的四年时间里，他没有放弃自己的本职工作，经常是直接从训练场或比赛场赶去上夜班。"虽然上夜班有损我的经济水平，但我能忍下来，我热爱射击。"贾瓦德在赛后这样说。男人做护士已经让很多人觉得诧异了，男护士成了世界冠军更令世人惊叹，不知道奥运会之后贾瓦德还会不会继续当护工，但不管怎样，干护士工作的男人也是有作为的，这就是事实。

对于诸如医生、律师、法官、警察等职业，很多女性早已成就非凡，如前文提到的艾莫·阿拉慕丁，还有美国联邦最高法院大法官鲁斯·巴德·金斯伯格，加拿大首位获得将军级警衔的女性伊丽莎白·劳瑞斯·梅丽等。全世界有多少女医生奋斗在治病救人的第一线已经无法统计，又有多少战地女记者在战火纷飞的地区为和平地区的人们发回报道，面对她们我们总会心生敬畏。

优秀的女性在向着自己的人生目标不断前进的过程中从不会因为自己的性别而给自己设限。她们关心的只是自己有兴趣和擅长的事情，性别和兴趣、擅长之间没有必然关系，也无须关心。

这种放下性别差异的思维模式有助于人们树立双性化人格，即男性也要具有一些常规认知中女性的性格特质，如温和、感性，富有亲和力等，女性也要具有一些常规认知中男性的性格特质，如威厉、理性、富有果决力等。双性化人格的树立有助于消除性别刻板印象对个体的影响，两性的社会角色定位将不再被设限。

这种双性化并非通常情况下的"女人男性"或"男生女态",而是结合两性性格特征中的优质部分。比如,决断力对于决策者来说是一种优秀的品质,常规认知中男性更易具备这种品质,因为男性更具魄力,但优秀的女性领导者也都具有这项品质。再如,亲和力是一种人际技能中使人易亲近、友好的力量,常规认知中女性更易具有这项品质,因为女性被认为更温和,更具有同理心,但优秀的男性领导者擅于运用恩威并重的领袖力,"恩"即是一种亲和力的表现,恩与威的转化体现的是一种包容,也是一种同理。

很多人对双性化性格仍有质疑,认为具有男性性格特征的女性会失去女人味;反之,具有女性性格特征的男性会失去男人味。事实上,很多优秀的女性既活出了千娇百媚、柔情似水,亦活出了英姿飒爽、气宇轩昂;男人既可以粗犷豪放、粗声厉气,亦可以文质彬彬、和颜悦色。严格地界定性别角色标准是有害的,因为性别类型化会限制男性和女性的心理建设和行为发展。那些在工作和生活中具有双性化性格特质的人,其适应能力明显比性别类型化的人更强,更受外界欢迎,因此产生的后果是自我评价更高、自开发能力更强。

柔性的力量

21世纪后，世界经济走势很不稳定，金融危机的阴影一直存在，各领域企业面对的压力有增无减。紧迫的经济形势既是对企业组织韧性的检验石，也制造了打造组织韧性的契机。针对领导力与行为心理方面进行的有关企业领导者和基层员工的心理韧性大型问卷调研结果发现：一方面，女性在管理层代表性不足的问题仍然突出，性别和职级呈负相关关系，职级越高，女性占比越小；另一方面，女性领导者在面对高强度压力时显示出比同职级男性领导者更高的心理韧性水平。这对提升整个组织的韧性至关重要。

领导活动充满风险和挑战，需要具备较强的领导动机和愿望，领导者的自信心和抗压能力组成了领导效能感。

领导效能感的具体定义是，个体对自己所拥有领导能力的信心和信念，是个体对自己领导一个团队的能力的主观判断。领导效能感对两性领导者提升领导能力和发挥领导效力都具有重要意义，是开展领导工作的动力来源。也就是说，具有领导效能感的人，其在工作之初的领导动力越充足，领导信念越坚定，在工作中对自己的领导方式和抵御危机的领导能力越自信。

因为性别刻板印象的存在，很多女性领导者相对男性更缺乏领导效能感，因此是否具有领导效能感对女性领导者的能力影响很大，具体体现在以下三个方面。

第一，领导效能感影响领导者的行为选择。领导效能感低的人会回避那些他们自认为能力难以达到的任务，而主动选择那些自己认为可以胜任的任务。领导工作同时面临机会和挑战，经常回避具有挑战性的任务对于个人能力提升毫无益处，但是否愿意承担具有挑战性的任务要根据效能感的高低而定。通常一个领导效能感高的女性领导者能够勇于承担重任，不畏困难，完成挑战，抓住机会。

第二，领导效能感影响领导者行为的彻底性和坚持度。困难既是对个人工作能力的考验，也是对心理承受能力的考验。那些领导效能感低的人常常对自己的能力持怀疑态度，会自我设限、自我否定，遇到挫折和挑战易放弃，只有具备高领导效能感的人才会以坚定的信心、持续的坚持和努力去迎接挑战、克服困难。

第三，领导效能感影响领导者的思维模式和情感反应模式。面对同样的事情，每个个体所表现出的状态是不一样的，领导工作具有复杂性和多变性，领导者的表现状态也变化不一。通常领导效能感低的人会表现出消极的皮格马利翁效应，他们会更加关注可能的失败和负面的信息，甚至被负面的情绪所困扰，使自己长时间陷入这样的情绪中；领导效能感高的人会对目标与事情持积极正向的态度，更关注方法的创造与目标的达成，即便遇到困难也能积极寻找解决方法，愿意视挑战为机遇。

想要领导效能感发挥正面作用，女性领导者必须摒弃对自身不利的性别刻板印象，而对自身女性的性别身份有足够认同。过分认同会让自己陷入性别刻板印象中，不够认同又不能真正挖掘出女性作为领导者的潜在优势，即女性领导者的性别身份认同度的不同会让她们的领导效能感和领导行为选择呈现差异。比如，女性化气质偏多的女性领导者，其对于组织的理解和领导力的认知，与双性化气质或男性化气质偏多的女性领导者明显不同。

安妮塔·罗迪克是英国著名美容美体品牌 Body Shop 的创始人及 CEO。罗迪克以女性为主要目标客户确立了"女性原则"的领导理念，包括富有同情心，凭直觉做出判断，做自己喜欢的事，将工作当作生活的一部分，合理分配自己的所得，做个对世界有贡献的人。这种宏大格局下的女性化领导理念和模式赢得了员工的忠诚和消费者的信任。

因此，持有不同性别身份认同的女性领导者的领导方式也是不同的。女性化气质程度偏高的女性领导者往往会采用偏柔性的领导方式，善于沟通协调，能够敏锐感知下属情绪，采用关怀、协商、引导等柔性方式激发下属的内在潜力。双性气质均衡的女性领导者的领导方式也更均衡，以坦诚增强信任，以激励促进合作，以相对平和的方式影响下属。男性化气质偏高的女性领导者往往会采用偏刚性的领导方式，倾向于以任务导向来实施领导。

方式无优劣之分，只有适合和不适合。既要适合女性领导者自身的行为风格，也要适合团队成员的性格特质，还要考虑所实施的具体任务状况以及整个企业的胜任力需求。

两性领导力的同质化

基于女性和男性因性别引起的性格特质与行为特征上的差异，人们对于两性领导者也会产生自然的差异观，通常认为女性领导者是感性的、有耐心的、优柔寡断的……而男性领导者则是理性的、坚韧的、刚毅果决的……

于是，一些管理刻板印象诞生了，比如领导者经常被贴上"女强人"的标签，认为是男性特质的简单"复制粘贴"。我们应该问一个问题：为什么女性的成功者被称为"女强人"，而男性成功者不被称为"男强人"？是因为男性都是必然的强者吗，所以男性成功很正常！但现实中成功的男性依然是少数，大部分男性也只是芸芸众生中的普通一员。其实，无论男性还是女性，只要是成功者都必定是强者，但只给女性领导者冠以"强人"之称显然是性别差异特征造成的。

长江商学院副院长张晓萌博士在联合国妇女署"女性领导力论坛"上倡导，两性的领导力优势是"相因相生、相携相生"的关系。

其进行的相关研究也印证了性别标签"靠不住"。调研采用的行为测评将领导者的行为属性分为五种，分别是权威型、社交型、耐心型、逻辑型和随机应变型。建立在性别的刻板印象基础之上是男性领导者更偏向于权威型、逻辑型，女性领导者更偏向于社交型、耐心型。

对比男女领导者的行为属性特质：男性领导者的权威型属性占比大于女性领导者，达到55%；女性领导者的逻辑型、社交型及随机应变型属性的占比大于男性领导者，分别多出1%、2%、3%。数据说明更多的女性领导者愿意主动沟通，善于把控细节，也更适应环境，管理灵活度相对较高。

但性别只是造成领导力风格差异的变量之一，并且所占影响因素比重越来越小，趋近于零但永远不会等于零。越来越多的女性领导者既具备沉稳果断的决策能力，也具备春风化雨般的沟通能力，理性严谨和感性开放并存；而很多权威性男性领导者都是阳刚与柔细兼修，一边带领团队在市场上开疆拓土，一边在企业内部精细管理，很多曾经的钢铁直男领导者在引入女性领导特质后增加了管理效能，他们很认可如今"当爹又当妈"的模式。

通过现实中两性领导力的对比可知，性别标签已明显缺乏信度，实际上，很多成功女性已经用实际行动去除了与性别挂钩的标签。

艾莫·阿拉慕丁在就读于纽约大学法律系期间就进入美国联邦法院，为大法官工作。她26岁那年同时获得了美国和英国的律师从业资格，进入海牙国际法庭，参与法律工作。她32岁回到英国，进入著名律师事务所Doughty Street Chambers担任大律师，她的委托人都是世界上的知名人士。后来，她又被联合国选中，参与人权方面的辩护和顾问工作，她受理的案件都是最高难度的。

提起律师，尤其是女律师，人们的印象一定是极其严肃的，她们外在刻板，内在谨慎，言语犀利，衣着正统。但阿拉慕丁这位世界顶级律师给人的印象恰恰相反，她美丽，高贵，充满自信，又极具智慧，同时衣品极好，兴趣广泛。她因和好莱坞著名影星乔治·克鲁尼恋爱而走进大众视野。克鲁尼曾经感叹，自己的妻子最多时要同时兼顾11项工作，她居然还有时间将自己打理得如此精致，并有时间关注到工作中的细节。

不难想象，站在法庭上的阿拉慕丁是严谨、果决的，无论辩论之路多么艰难都敢于冲锋陷阵。日常工作中的阿拉慕丁则雷厉风行，该做什么，该怎样做，她和她的团队没有一刻犹豫。与委托人接触时的阿拉慕丁则充满理性，和风细雨、疾风暴雨、雷霆万钧，根据不同情况调整行动。与人相交时，她是谦虚的，是友善的，让人有如沐春风的感觉；家庭生活中的她，则是温柔的妻子和妈妈……这些都是她的一面，不仅呈现性格，而且体现卓越领导能力。记住：不具备优秀领导能力的普通人即便性格中存在多面性，实际呈现时也常常是相同的，因为领导力也是一种呈现力。

通过以上阐述和案例分析，我们清楚地知道，当代两性领导力的行为风格与特质已经同质化。新时代领导力的关注核心是如何提升组织对员工的吸引力和持续的赋能能力，"柔性领导力"特质作为适应未来组织变革和时代发展需求的领导力特质，在融合两性领导优势的基础上，将更易激发出个体和组织的强劲韧性，为开放、共生的组织持久蓄能。

第二章
柔性领导力多视角评估

柔性领导力

想要成为一名优秀的领导者，已经不能再用简单的男性领导者应该如何做或女性领导者应该如何做的说法进行区分和规范了。

领导力的本质是不变的，是指在管辖的范围内充分地利用人力条件和客观条件以最小的成本办成所需的事，提高整个团体的办事效率的能力。因此，想要成为一名优秀领导者，无论男性还是女性都要摒弃性别身份，从自身性格特质和领导力所需切入，通过不断学习、调整、改进自己的思维模式和行为风格实现。真正体现柔性领导力所倡导的"两性领导者都可以相互学习"的内在含义。

因此，从本章开始将不区分男性领导者和女性领导者，而是统一用领导者或领导力进行阐述，文中也会涉及不同性别的领导者的案例，但仅作为优秀领导者案例呈现，而非区分两型领导者的优劣。本书核心是构建两型领导者都可习得的柔性领导力，将全面性、同理心和复原力进行详细分析。

本章是从多重视角讨论领导力，有助于对领导力形成更系统、更精准的认知。

首先仍然是从性别视角开始阐释，因为生理性别的差异，个体的思维、行为必然会有一些差异，即便是最优秀的男性领导者和最优秀的女性领导者，仍然会在内在最深处留有一点性别方面的差异。

接下来是领导力的特质与才能的内容，也就是讨论成功的领导者所具备的特质与才能。需要从人格特质切入，结合性格特质的七个维度进行探讨。

职业性格视角的讨论离不开对特定环境的讨论，领导力从来不是固定不变的，固定不变的领导力也没有什么价值。领导力必须与情境因素相结合，一般情境时、情境极其有利时、情境极其不利时等，领导力要随之切换。

情商的运用范围很大，作用范围也很大，将情商与领导力合并讨论是一个很大的命题，但并非本书重点，因此本书借助两个情商模型让我们看一看高情商对领导力的加持作用。

最后是评估视角的讨论，讨论领导者持续成长的必要路径。评估不仅能得到一份数据，还能挖掘出数据背后的客观依据，即得到关于自身优势和劣势的举证，有利于领导者进行必要的改进，实现个体的持续发展。

领导力之性别视角

柔性领导力一直在强调两性作为领导者的无差别性，因为谈"领导者"本身是不涉性别属性的，一个职位不会因为履职者是男性或女性就改变对该职位领导力的要求。所以，无论是男性还是女性，在任何一个领导职位上，他/她都只应该是符合该领导职位的人，即领导者本身不能因为是男性或女性就可以因此按其性别习惯进行领导，领导者只针对所履职职位的能力要求和职能范围要求负责。

外部环境就是个体所处的环境，如果一名女性从事教师职业，她的女性性格特质会得到更大的发挥；如果一名女性从事建筑行业，则她的女性性格的发挥就会受到一些限制，因为建筑行业需要从业者相对粗线条一些，这与女性的温柔、细腻是有极大差异的。行业的差异对两性性格特质的限制还不是最大的。对两性性格特质的限制更大的是职位的差异，当一个人有机会走上领导岗位后，其对原本性别身份特征的改变将越来越多，因为想要成功实现领导，必须要趋近对于成功领导力的要求。这个领导力就是柔性领导力所希望达到的无性别差异的领导力。

在《初入职场的我们》这一节目中，职场新人孟雨彤被格力电器董事长董明珠任命为一场营销活动的负责人。她作为初入职场的新人，这个挑战对她而言非常艰巨，而且其两名下属也是新人，对如何策划活动都没有经验。策划初期，孟雨彤希望照顾各方面意见，导致活动进展缓慢。在同项目男同事的提醒下，她意识到自己领导力的不足，尤其缺乏一点"独断专行"。第二天再次在节目中出现的孟雨彤让大家感觉好像换了一个人，提方案、做决定都变得果敢，愈发接近一名领导者该有的状态。

　　这位职场新人的转变也可以说是成长，就来源于职位的改变——她成了领导，想要做好项目就必须要思考领导者该有什么样的能力和自己与合格领导者之间的能力差距。不是说孟雨彤改变了优柔寡断这一点就能成为优秀的领导者，而是这项不足是导致其领导不利的关键因素，从最致命的缺点开始改变是正确的做法。

　　那么，是不是要摒弃所有性别身份所带来的性格特质呢？当然不需要，普通情况下的男性和女性各自在某些方面表现得更为突出。性别的差异源于大脑中某个分区的不同，该区域被称为脑岛，它可以感受全身的信号。感受的过程以同情为例进行讲解，当我们对某人表示同情时，我们的大脑会去模拟那人的感受，脑岛会诠释这种感受，促使我们做出和这种感受相符合的行为。性别差异的本质就在于男女对这种感受的体验长度不同，女性的大脑会倾向于将某种不安情绪停留在脑海里，男性的大脑倾向于快速跳出情绪，转而大脑其他分区思考如何解决这一问题。这两种情绪反应各有优势：女性倾向于沉浸在某类带入情绪中，这有助于同他人产生情感共鸣，更具有同理心；男性则能更容易让自己远离纷乱情绪的干扰，保持理性，更为镇静，有助于思考更适合的解决方法。

变革性领导力在实际运用中的效果往往通过权变奖励体现，权变奖励是领导者根据下属的努力程度和绩效进行的奖励。这项因素多与男性性格特质有关，因为需要更加理性，来体现制度的公平。

由诺贝尔经济学奖获得者米尔顿·弗里德曼主导的一场涵盖全球 24 000 名领导者和员工的研究表明：男性和女性在特殊的领域均有优势。最大的差别在于女性是"情感性导向思维"，男性是"应用型导向思维"，前者能让人在做决定之前考量所有的事实与情感因素，后者则让人有意识地向前推进事态进展与更快速地付诸行动。

领导力之人格视角

随着时代的发展，领导力应具备的特质与领导才能也随着领导活动所面对的挑战的不同而不断变化。越来越多的女性参与扮演重要的领导角色，女性领导者的行为风格相较于男性领导者更能促进领导层与被领导层的互动沟通和信息共享。再比如，组织发展理论创始人沃伦·班尼斯将"以客户为导向""全球化视角"列入领导力特质与领导才能中，符合 21 世纪的商业进程国际化特点，并且考虑了"以服务为驱动力"的经营需要（见表 2-1）。

表2-1 关于领导力特质与领导才能的理论演化

代表人物	提出年份	领导力特质与领导才能
德·维达勋爵	1986年	支配权力、男子汉气概、保守稳重、顾全大局
柯克·帕特里克	1991年	驱动力：成就、欲望、事业心、坚韧不拔、主观能动性；激励能力：个人激励、团队激励、社会激励；诚实和正直的品质；自信和稳定的情绪；能处理大量信息及制定战略；做出明智决定的商业意识
沃伦·班尼斯	1998年	认同团队目标及具有团队协助能力；对业务的精确理解能力；选择创新性战略的概念化思维；连接流程、结果与结构的系统化思维；客户导向；利益导向；专注于结果；全球化视角；情绪控制能力
理查德·达夫特	1999年	洞察力、独特性、保持创意、诚信、自信
约翰·阿戴尔	2009年	热情、正直、坚韧、公平、温暖、人性化

通过人格特征视角审视，可以对成功领导者的性格特质进行分类，一方面可以了解领导力的构成因素，另一方面可以识别人才。让拥有更多这些特质的人被识别出来，授予其权力，使其履行职责，这不仅是个人的成功，更是组织的成功。提出领导力特质理论的拉尔夫·斯托格迪尔将其所认为的领导力特质与领导才能分别列举（见图2-1）。

特质	才能
环境适应性	聪明
对社会环境的警觉	理性思维
野心与成果导向	创造性
坚定	有策略、识大体
合作	语言能力强
果断	熟知团队任务
可靠	组织协调能力好
感染力	说服力
精力充沛	社交技能强
坚持不懈	
自信	
抗压性	
愿意承担责任	

图2-1 斯托格迪尔领导力特质与领导才能

美国管理协会曾对在事业上取得成功的1 800名管理人员进行调查，发现成功的领导者一般具有下述特质和才能：工作效率高；有主动进取精神；善于分析问题；有概括能力；有很强的判断能力；有自信心；能帮助别人提高工作的能力；能以自己的行为影响别人；善于用权；善于调动他人的积极性；善于利用谈心做工作；热情关心别人；能使别人积极而乐观地工作；能实行集体领导；能自我克制；能自主做出决策；能客观地听取各方面的意见；对自己有正确估价，能以他人之长补自己之短；勤俭；具有管理领域的专业技能和管理知识。

由于领导者具有多样性，无法取得有关领导者的所有特质和才能，但这世界上没有任何一项研究是在搜集所有样本的基础上做出的，都是在有代表性的样本范围内进行研究，然后做出有代表性的结论。

个体性格特质与有效领导力之间存在较大关联，因此仅靠对个体行为的培养并不能实现有效领导。领导是一种动态的过程，成功的领导特质和领导才能必须在领导实践中习得、形成和发展。

领导力之情境视角

所谓职业性格视角审视就是从不同类型的职业或不同时期的职业的角度审视领导力。当职业的类型不同时，当相同职业所处的时期不同时，领导者们所面对的领导环境都是不相同的，所产生的领导行为也是不相同的。

权变理论的创始人弗雷德·菲德勒也是早期情境领导理论的倡导者，他鼓励领导者试想一下，自己不想与哪一类特质的所有者共事的，哪一类特质所有者是自己非常渴望与之共事的，并写出具体理由，如疑神疑鬼、平易近人、猜忌心重、互相支撑、虚情假意、真实可靠、唯利是图、团队至上……这就是"最难共事者理论"，目的不是帮助领导者找出哪些人不能共事，而是用以确定领导者是任务导向型还是关系导向型。任务导向型领导者倾向于对下属的表现给出消极评价，关系导向型领导者则倾向于肯定下属的表现。之所以会有如此反差，一方面是领导者的性格特质所致，另一方面则是领导者面临的环境所致。如果是处于企业高速发展阶段的领导者，其更愿意成为关系型领导者；如果企业正在面临巨大危机，领导者一定会成为任务导向型，他/她要挽救企业于危亡中，是难以顾及与下属之间的关系的。

因此，领导者不可能永远是任务导向型或关系导向型，一个深谙领导力的领导者要学会在这两种领导方式中自由切换。菲德勒的理论支撑了这一点，他认为并不存在一种"普遍适用"的领导方式，任何形态的领导方式都可能有效，其有效性完全取决于与环境是否适应，因此，他总结"领导行为是某种既定环境的产物"。

菲德勒还分离出三项领导情境因素：上下级关系、任务内容和职位权力。领导者只有与这三项情境因素相匹配，才能实施有效领导。

（1）上下级关系：是看领导者受到下属爱戴、尊敬的程度，也是下属情愿追随领导者的信任指数。

（2）任务内容：即要看工作任务的明确程度和下属对任务的负责程度。任务清楚则责任清楚，对于工作质量也比较易控。

（3）职位权力：是领导者职位的具体权力和权威。一个具有明确高职位权力的领导比职位权力不明确也不够高的领导者更容易得到他人的追随。

以上三项因素加总起来，便得到八种不同的领导情境。（见图2-2）。

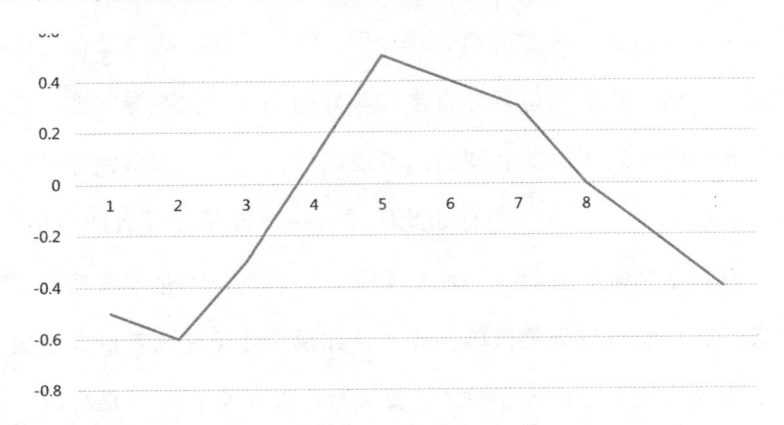

上下级关系：	好	好	好	好	差	差	差	差
任务内容：	明确	明确	不明确	不明确	明确	明确	不明确	不明确
职位权力：	强	弱	强	弱	强	弱	强	弱

图2-2　领导情境三因素演变出的八种领导情境

菲德勒认为，以任务为导向的领导者在情境处于极端有利和极端不利时，领导效能最高；而以关系为导向的领导者在情境处于非极端状况（既不是最有利，也不是最不利）时，领导效能更高。

（1）当情境极端有利时：

领导者与被领导者之间非常信任，互相尊重，对彼此充满信心；

任务内容十分明确，每个处于其中的个体都知道自己的任务目标；

领导者对被领导者有绝对权威，反之被领导者对领导者的权威性无任何疑义。

（2）当情境极端不利时：

领导者与被领导者之间缺乏信任和尊重，整个团队信心全无；

团队面临严峻挑战，但任务内容设定不清；

团队基本处于"无政府"状态，领导者权威丧失，可能正处于组织变革中。

（3）当情境处于非极端状况时：

领导者与被领导者之间有足以保障工作顺利进行的信任关系；

任务内容基本明确，但责任划分偶有不清；

领导者对被领导者有表象权威，但是否具有内在权威则视各组织情况各异。

领导力之情商视角

在本章导论部分我们已经介绍了，情商与领导力合并讨论是一个很大的命题，限于篇幅原因不能做过多介绍，那么就以两个模型切入，看看情商与领导力之间的关系。这两个模型分别是"EQ-i 情商测试模型"和"戈尔曼情商四领域"。

以色列心理学家鲁文·巴昂自 1980 年就开始对情商做深入研究，创建了很多情绪智力量表，"EQ-i 情商测试模型"就是他于 1997 年推出的，巴昂提出情商是由许多部分重叠而成，但能够根据能力、态度等进行细分。"EQ-i 情商测试模型"也是一份"EQ-i 情商测量表"，包含了 5 个领域的 15 个维度，共计 133 个短句，要求参试者从 5 分等级制的评价选项中选出一项，选项范围从"几乎没有或者完全不是我"到"这非常像我或这就是我"。分值达到平均值或以上，证明参试者在情感、社交和行为方面表现优异，得分较低者则被认为在情感、社交和行为方面可能有所欠缺。

"EQ-i情商测试模型"的5个领域和包含的15维度分别是：

（1）自我认知领域——自我认同、自我意识、自我主张、独立自主、自我实现；

（2）人际交往领域——同理心、社会责任感、人际关系；

（3）压力管理领域——抗压能力、情绪控制；

（4）适应能力领域——适应性、现实判断能力、解决问题的能力；

（5）普遍心态领域——乐观主义、幸福开心。

我们建议领导者可以做一次权威性的情商测试，深入了解自己在哪些方面有所不足，而不足的方面是否对领导行为产生干扰。

哈佛大学心理学博士丹尼尔·戈尔曼联合理查德·博亚特兹、安妮·麦基共著的《情商4：决定你人生高度的领导情商》一书中将各种能力汇总成情绪能力量表，高潜力的领导者往往得分很高。"戈尔曼情商四维度"就是用于通过多视角、360度评估管理等方法测评，对衡量领导者的工作业绩有很重要的参考价值。

戈尔曼强调，此模型的四个领域并不包括与生俱来的能力，而是后天习得的技能，每一项技能都有助于提高领导者的工作效率。成功的领导者往往会占据很多优势，或者至少在其中一个领域占据巨大优势。四个领域的具体内容如下：

（1）自我意识领域——情绪上的自我意识、清晰的自我认知、自信；

（2）自我管理领域——情绪上的自我调控、思想开明程度、适应性、成果导向性思维、主观能动性、乐观主义；

（3）社会意识领域——同理心、组织意识、服务导向；

（4）关系管理领域——培训下属、鼓舞人心的领导风格、推动革新、影响力、冲突管理、团队管理与协作。

通过对比"EQ-i情商测试模型"和"戈尔曼情商四领域"可知，两个模型中存在明显的重叠部分，如自我认知、自我意识、适应性、同理心、乐观主义等都是存在共性的。"EQ-i情商测试模型"中的情绪控制和"戈尔曼情商四领域"中的情绪上的自我调控是一致的；"EQ-i情商测试模型"中的自我认同和"戈尔曼情商四领域"中的自信所表达的理念相似；"EQ-i情商测试模型"中的人际交往和"戈尔曼情商四领域"中的关系管理具有共性……

但两个模型所在清单的侧重也有区别，"EQ-i情商测试模型"侧重领导者所需的统筹性能力，"戈尔曼情商四领域"则侧重领导者在实践中所需的能力。

情商对于企业内部领导力的成功是一项重要因素。在霍华德·布克和史蒂文·斯坦所著的《情商优势》一书中，详细阐述了将"EQ-i情商测试模型"应用于美国青年总裁组织成员身上的研究项目情况。青年总裁组织的成员都在40岁以下，且在规模不少于60人的年收入500万美元以上的公司担任董事或总裁。经过一段时间的研究后发现，这些年轻的成功人士的确与之前的研究对象——职业经理人在情商方面有所不同。青年总裁组织成员的适应性明显更强，具备随时抓住机遇并快速行动的能力，他们还具有强大的独立自主精神，在谈判期间和决策阶段的表现特别坚定、自信。

在传统印象中，职位越高的人承受的压力越大，但在对青年总裁组织成员的调查后发现，情商较高的领导者比情商较低的领导者所承受的压力要小很多，身心也更加健康。

领导力的两个测评方法

商业领袖都重视数据，因为数据中含有客观的证据，对做出正确决策有很大帮助。数据不仅能帮助企业实现合理业绩增长，还可以运用到个人自身发展方面，当然本节所指的数据获取并非商业中的大数据渠道的数据获取，而是用于对领导者的工作评估。

成功的领导者都非常重视关于自身优势和劣势的举证，因为这是他们自身发展最为有效的途径。如果可以将他们的领导力评估数据与其他人的数据做比较，且其他人是与他们在工作场合或生活中有交集的人群中的人士，则得到的数据更为客观。对个人因素和外部因素这两个维度进行比较能够提供更有力的佐证，帮助领导者在有重大分歧时做出决策。

360度评估是助力领导者成长最有效的方法之一。之所以称为360度，就是要做到评估全方位，总体可以分为两大部分：一部分是领导者就自身各方面进行自评，另一部分是选定一些反馈者完成问卷调查。自评要求领导者针对自己采用的领导方式、具体的领导行为和具有代表性的领导事件进行分析评估。问卷调查的对象包括直接上级（若有）、同级同事（若有）、直线下级、同级别客户。通常情况下，反馈对象将给被评人定量评分和定性评述。被评人会收到一份翔实的报告，然后自行针对自评与他评进行差异性数据比对，还要筛选他评中可行性意见反馈纳入后续发展的行动计划。

ADMIRAL 是英国百年运动品牌，首席执行官亨利·恩格尔哈特每年都会填写一份评估问卷，填写评估反馈问卷的对象包括九到十名直线下级和相似数量的、并非直接向他汇报工作的高级经理。人事经理会对这些反馈问卷进行数据回归分析，并和反馈者沟通具体情况，然后再向恩格尔哈特汇报定性和定量的结果。恩格尔哈特说："这件事对我非常重要，因为这些人与我的工作关系最为紧密，如果我的管理没能让他们感到满意，就说明一定出现了问题，需要及时调整。"

那么，360 度评估反馈究竟对领导者有哪些好处呢？

（1）采取多方位视角更全面立体。这是 360 度评估的核心，因为反馈的对象涉及被评人自己、其直接上级、其同级同事、其直线下级、和其工作相关的经理，甚至还有客户，这种评估就是全方位立体式的，从各个角度针对领导者在领导活动中出现的问题予以反馈。

（2）改善管理技能与行为。评估反馈的目的不是得到一些分析和数据，而是要从分析和数据中看到领导者的领导行为的不足，给予领导者全面了解自身优劣势的机会。通常情况下，对于关键性的领导能力可以借由他人所提出的建议和观点发展和改善。

（3）提供定制化的成长方案。每个人都要为自己的成长负责，因为没有人会关心你是否真正成长了。个体成长必须建立在充分了解自身优劣势的基础上，领导者也是一样，有针对性地调整改正错误、纠正不足，成长之路才能走得顺利。

（4）创造学习氛围。作为领导者以身作则地向身边的人寻求对于自己的反馈，以达成持续改善，是很高级的学习形式。如果由此带动企业的高级管理团队都参加360度评估反馈活动，对于组织是非常有益的。

360度评估反馈不仅可以用于领导者本身的纵向比较，也可以用作于其他领导者进行横向比较，无论是同一个组织中的其他领导者，还是不同组织中的其他领导者，都可以从领导能力、领导行为和领导者性格特质方面进行比较。

虽然360度评估反馈对于领导者有很重要的作用，但这只有在领导者亲身实践时才能发挥效用，但并不是所有领导者都愿意实践。

凯茨·德·弗里斯在著作中这样阐述："所有的领导者都需要反馈，以便做出最佳的成绩以及不断地超越自我。不幸的是，当你在组织中职位越高时，你越不想收到直言不讳的、富有建设性的反馈。调研表明，只有10%的高层能够准确地评估自己。事实上，调查表明大约70%的领导者认为他们属于自身专业领域的前25%人群，而且许多人也的确没有意识到自己的行为阻碍了组织的高效运转。我们倾向于接受与我们对自我的看法一致的反馈意见，而拒绝接受与我们自我认知不一致的意见。这也就是为什么你需要360度评估反馈体系的原因，这一评估工具会让你了解，你概念里的领导行为和实际感受你的领导风格的员工认可之间的差异性。"

为了更准确地找出"自认为"与"他感受"之间的领导行为差异性，弗里斯建议将"乔哈里资讯窗"应用于360度评估中。该工具由美国心理学家乔瑟夫·勒夫和哈里·英格拉姆联合提出，被用来分析领导者与被领导者之间未言明的心理契约，改进个体与群体的自我意识的认知与沟通。

"乔哈里资讯窗"的具体形式是将我们的自视情况与他人看待我们的

情况分为四大类，列于矩阵内，弗里斯建议领导者们在"自己不知道，别人却知道"的维度上提升对自我的认知维度（见图 2-3）。

自己知道 别人也知道	自己知道 别人不知道
自己不知道 别人却知道	自己不知道 别人也不知道

图2-3　乔哈里资讯窗

第三章
柔性领导力的理论基础

领导者进行领导活动的目的是什么？

关于这个问题通常有两种答案：一种是对人进行管理，领导力的施加对象就是被领导者；另一种是对事进行管理，将领导重心倾向于事件本身。

这两种领导活动的目的孰优孰劣呢？

对人进行管理的领导者是以下属为中心，关心下属的个人情况，关注下属所处的具体场景，会理清与下属之间的关系，以便和下属达成愿景认同；对事进行管理的领导者认为人只是执行者，事情本身才是关键的，会设定好事情的解决逻辑后由下属具体执行。显然，对事管理的领导者的工作任务会十分艰巨，因为每件事情都需要他给出解决办法，还要在下属执行过程中予以监督。

领导者越多地参与具体事件中，说明领导者对整个团队的影响力越小，因为下属很难得到发挥能力的机会，下属感受不到来自领导者的任何认可，下属与领导者关联是因为具体事件的执行而不是领导活动的情感连接。如果一名领导者不能对其下属产生影响力，其领导活动必然不能顺利，即便下属愿意配合，也会因为能力无法发挥而配合失当。

对人进行管理的领导者则要轻松很多，虽然事情繁多，但有具体帮助其解决问题的下属，再多的事情都可以一一解决。这样的领导者把下属当成"自己人"，甚至看成是"合作者"，下属也会在与领导者的紧密联系中逐渐感受到来自领导者的认可，也会对自己愈发认可。建立在和谐关系中的领导活动不仅成功率高，领导者对下属的影响力也大。换句话说，下属愿意被影响，也希望多受到优秀领导者的影响。这样就形成良性循环状态。

本章就来探讨领导者对下属施加影响力的方法，具体通过三个理论和两个模型进行呈现。

管理方格理论：关系型管理或任务型管理

所谓"方格理论"，是用方格图来表示领导行为方式的一种理论，由美国行为科学家罗伯特·布莱克和简·莫顿联合创立。管理方格的提出改变了以往各种管理理论中非此即彼式的绝对化观点，指出对生产关心和对人员关心的两种领导方式可以进行不同程度的互相结合。

布莱克与莫顿于1964年出版了《管理方格》一书，书中的"管理方格图"设计了由81个方格组成的图形，纵轴和横轴各九等分，纵轴表示领导者对人员的关心程度（包含员工对自尊的维护、基于信任而非基于服从来授予职责、提供良好的工作条件、保持良好的人际关系等），横轴表示领导者对生产的关心程度（包括政策决议的质量、程序与过程、研究工作的创造性、职能人员的服务质量、工作效率和产量等），其中第1格表示关心程度最小，第9格表示关心程度最大（见图3–1）。

在该图中：

1–1方格表示是贫乏型管理，领导者对任务和人员的关心程度都很低，组织将会非常松散，员工很难完成任务。

1–9方格表示是关系型管理，领导者对人员的管理程度高，对任务的管理程度低，重点放在了满足员工的需要上，对指挥监督、规章制度重视不够。

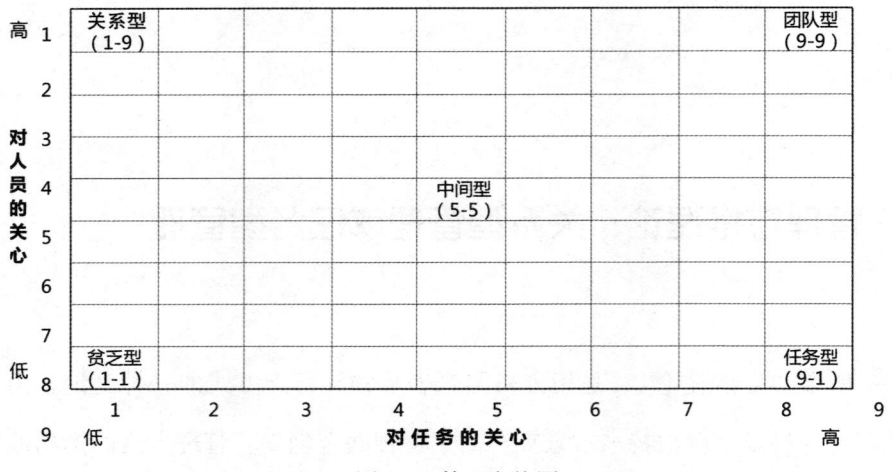

```
         关系型                                    团队型
高  1  （1-9）                                    （9-9）
    2
对  3
人
员  4              中间型
的                 （5-5）
关  5
心
    6
    7
         贫乏型                                    任务型
低  8  （1-1）                                    （9-1）
    9
    1    2    3    4    5    6    7    8    9
    低              对任务的关心                    高
```

图3-1　管理方格图

9-1方格表示是任务型管理，领导者对任务的关心程度高，对人员的关心程度低，且领导者的权力很大，善于指挥和控制下属的活动，下属只能奉命行事，难以发挥积极性和创造性。

5-5方格表示是中间型管理，领导者对任务和人员的关心程度保持中间状态，只求维持一般的工作效率和士气，并不积极促使下属发扬创造精神。

9-9方格表示是理想型管理，领导者对任务和人员的关心程度都很高，能让组织目标和个人需求有效地结合起来。这是领导方式的一种理想状态，领导者的领导方式让员工能翔实地了解组织的目标，并关心其结果，从而自我控制、自我成长，充分发挥生产积极性，为实现组织的目标而踏实努力。

"管理方格图"中一共有81个方格，介于1-1方格和9-9方格之间，不同的结合方式反映了不同程度上对人员的关心与对任务的关心互相结合的多种领导方式。

比如，1-5方格表示是准人员中心型管理，领导者比较关心人员，不太关心任务；5-1方格表示是准任务中心型管理，领导者比较关心任务，不太关心人员；5-9方格表示是以人员为中心的准理想型管理，领导者的关心重点在于员工的需求，但也比较关心任务；9-5方格表示是以任务为中心的准理想型管理，领导者重点抓任务，但也比较关心员工的需求。

此外，如果一个领导者与下属的关系先后经历了9-1方格的正向状态和1-9方格的逆向状态，或者反之，就形成了大弧度的"钟摆式管理"。当领导者先以9-1方格的任务型领导方式追赶任务，但逐渐激起了员工的不满和反抗，又逐渐或一次性地调整到了1-9方格的关系型领导方式弥合关系，虽然能起到一定的作用，但与员工的关系裂痕还是很难修复的。相反，如果领导者先实行1-9方格的关系型领导方式，后实行9-1方格的任务型领导方式，也能起到一定的任务效能提升的作用，但效能有限，并不能完全激发员工努力，如果操作过度还会引起员工的不满。

因此，管理方格理论不仅可以让领导者准确定位自己所使用的领导方式，还能使其做到及时调整，避免积重难返的不利局面出现。

路径—目标模型：根据成员特质和环境完善行为方式

美国心理学家罗伯特·豪斯根据"最难共事者理论"进行了多方向的研究，在20世纪70年代到20世纪90年代间先后做过多次延伸，提出了路径—目标模型。

路径—目标模型认为，领导者要利用任务内容、给予工作支持和工作回报，建立有助于员工实现组织目标的工作路径，即建立目标方向路径和改善，通过目标路径的建立确保目标实现。具体包括三个方面的内容。

（1）领导过程。领导者确认员工的需要，提供合适的目标，再通过明确期望与目标的关系将实现目标与具体报酬联系起来，并且给予员工一定的指导。

（2）目标设置。它是设置成功取得绩效的标的，可以用来检测个体和组织是否完成绩效标准的情况。组织成员需要知道他们的目标是有价值的，并且可以在现有的资源条件和领导下达成该目标。如果没有共同目标作牵引，不同的成员会走向不同的方向。

（3）路径改善。领导者在决定实现目标的路径之前，还需了解一些权变因素和可供选择的领导方案，特别是必须权衡与确定对两类支持的需要。第一类是任务支持，领导者必须帮助员工整合所有有助于完成任务的资源，消除有碍员工完成绩效的环境限制，并且对员工的有效努力给予及时认可；第二类是心理支持，领导者必须表现出积极的影响，激励员工保持积极主动的工作状态。

路径—目标模型的核心是领导者的管理风格会受到员工个人特质和组织所处环境的共同影响（见图3-2）。

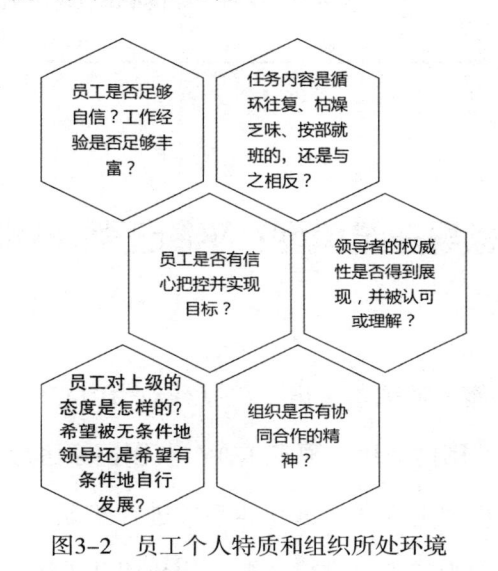

图3-2 员工个人特质和组织所处环境

路径—目标模型在结合考虑了员工个人特质和所处环境的各项影响后，提出了四种不同情境下的领导风格（见表3-1）。但该模型忽略了领导者与被领导者之间可能会产生的感情纽带，而完全从理性的一面切入。

表3-1 "路径—目标模型"的领导行为风格

领导行为	领导类型	员工个人特质	环境因素
为下属确定工作目标和工作标准	以指导为主的领导	①有能力，但缺乏经验 ②对自身能力认识不足 ③希望得到指导	①工作任务不清晰，但有趣 ②明确、正式授权 ③团队合作良好
关注下属的需求，并确定相关福利	以支持为主的领导	①经验、能力、自信兼有 ②相信自己足以胜任 ③反感被严格控制	①工作任务简单、明确 ②授权不明或弱化 ③团队合作不佳
将下属意见融入制定决策的过程中	以团队关系为主的领导	①经验、能力、信心兼有 ②相信自己足以胜任 ③希望得到重视	①工作任务不清晰且复杂 ②授权介于明确与不明确之间 ③团队合作时好时坏

续表

领导行为	领导类型	员工个人特质	环境因素
设定高目标，鼓励下属能够实现	以取得成绩为主的领导	①经验、能力、信心兼有 ②认为自己不足以胜任 ③接受并执行领导设定的目标	①工作任务不清晰，且复杂和不可预见 ②明确正式授权 ③团队合作时好时坏

行动中心领导三维模型：平衡任务、团队和个人

1973年，约翰·阿戴尔提出了"以行动为中心的领导模式"，此模式至今仍在世界范围内通用。阿戴尔在与英国国家医疗服务组织（NHS）合作期间，将该模型引入各个医疗体系中进行验证。该理论的核心是将领导者的责任划分为三类：完成任务、构建团队、满足个体需要，因此也称为"行动中心领导三维模型"。该理论基于的原则是，领导者以团队为单位，让员工发挥能力，完成各项任务。因此，为了使团队有效运作，领导者必须将任务、团队和个人三者结合起来，通过图示表示就是任务、团队、个人三个圆相互重叠（见图3-3）。

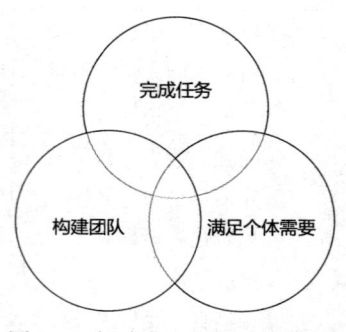

图3-3 行动中心领导三维模型

三个圆交叠在一起所表述的事实是：如果领导者没有平衡好任务、团队、个人三个维度之中的任一维度，则其他两个维度也必然受到影响。因此，以行动为中心的领导模式非常简明地阐释了领导者的一切行为必须围绕平衡任务、团队和个人三者之间的关系展开。

（1）任务需要。每个团队都应该具有经营目标或任务目标，如获得盈利利润、生产产品或提供服务等。因此，团队的最高领导者应以任务为导向进行领导活动，其他各级管理者则需接受上级指示以实现目标或完成任务。由同一个领导者领导的小团队或每个员工应该具有相同的目标，并为实现这一目标而努力。

（2）团队需要。为完成团队目标，团队成员要团结协作，保证团队在和谐的氛围下工作。有效利用团队成员间的争执与冲突，以此来促进讨论，结果很可能在化解矛盾的同时，激发了大家新的思考、新的想法。

（3）个人需要。团队由个体组成，个体因为各种因素造成的相互差异导致每个个体的需要都不相同。团队中的每个个体都要了解自己的责任以及自己能对团队整体绩效作出的贡献，每个个体也应有机会展示并发挥自己的全部潜力、接受责任、得到认可、受到鼓励。

图3-3中三项需要的圆相互叠加的中间部分就是以行动为中心的领导模式可以达到的最优状态。

此外，阿戴尔还提出领导职能根据管理模块的不同而不同，具体分为三个级别，由下至上分别是团队领导者、运营领导者和战略领导者（见表3-2）。

表3-2 三种领导者的角色和职能

领导者层级	领导者角色	领导者职能
团队领导者	完成任务 提升个人 维护自己的团队	发布具体任务，制定详细工作计划，管理员工个体，提供支持，激励和评估员工，以身作则
运营领导者	完成部门级工作任务 为下属提供发展机会 维护部门内部氛围	除上述职能外还有维护部门声誉，解读上级指示，落实工作，建立关系网，实施继任者计划
战略领导者	实现公司战略性愿景 为公司全员提供发展机遇 建立并维护公司文化	除上述职能外还有明确大方向，制定战略计划，实现目标，协调部门间关系，建立重要合作伙伴关系，培养继任领导者，传达企业家精神

（1）团队领导者：为小团队中的每个人委派明确的工作任务。

（2）运营领导者：带领多个小团队，并负责团队中主要部门的工作。

（3）战略领导者：组织的最高领导者，接受其下属运营领导者向其汇报工作。

乔哈里视窗理论：领导者自我意识的发现与反馈

我们在前文提到了"乔哈里资讯窗"，也知道该工具的作用是改进个体与群体的自我意识的认知与沟通，更为通俗的解释是借助沟通的技巧和理论衡量领导者风格的窗口，因此也称为"自我意识的发现—反馈模型"，或简单称为"沟通视窗"。

乔哈里视窗理论将人际沟通的信息比作窗口，该窗口被分为四个区域——开放区、隐秘区、盲目区、未知区，人员间的有效沟通就是这四个区域的有机融合（见表3-3）。

表3-3 乔哈里视窗理论的四个区域

开放区	"我自己看得到，别人也看得到"的那一面	"公开我"
隐秘区	"我自己看得到，别人看不到"的那一面	"背脊我"
盲目区	"别人看得到，自己看不到或看不清"的那一面	"隐藏我"
未知区	"自己和别人都看不到或看不清"的那一面	"潜在我"

之所以要划定出四个区域，是因为一个人的人格特质中，有些可以由其本人觉察到，有些则需要借助他人觉察到，而无论是自己觉察到或是他人觉察到，都有正确与错误、开放与隐秘、理性和盲目、已知或未知之分。

（1）开放区的信息是自己知道、别人也知道的信息，比如家庭情况、部分经历、兴趣爱好等。开放区不是绝对的开放，而是具有相对性，有些信息对某些人可以开放，对另一些人就不能开放。作为领导者，在实际工作中的开放区越多，实施领导行为就越便利，但对个人的规范要求也越高。

（2）隐藏区信息是自己知道、别人不知道的秘密，比如某些经历、内心愿望、筹谋布局、秘密隐私、个人好恶等。任何人都需要隐藏区，这与是否真诚无关，完全不隐藏的人是心智不成熟的，但完全隐藏的人是无法与他人共存的。作为领导者必须有适当的隐藏区，这是对领导力的保护，但不该隐藏的就要开放，有助于领导活动顺利展开。

（3）盲目区内容是自己不知道、别人却可能知道的个人性格盲点，比如性格上的弱点或坏习惯、某些不好的处事方式、别人对你的一些感受等。现代人轻易不愿意对他人提出意见，可以相处就多相处，难以相处就不相处。尤其是在当下这个崇尚个性的时代，人们也越来越不愿意接受他人的批评与建议。人的进步与成长就是不断地修正偏差的行为，而发现这些偏差行为的渠道更多的是外界提出的意见。虽然不能保证外部意见都是客观的，但多数是具有一定参考价值的。处于高位的领导者，地位和权力成为其听到告诫和意见的阻碍。但是，兼听则明、偏信则暗。作为领导者必须要有博大的胸怀，不凡的气度，去接纳那些敢于对自己讲真话的朋友或善于直言的下属，以不断缩小自己的认知盲区。

（4）未知区信息是自己和别人都不太知道的信息，比如某人自己身上隐藏的重大疾病，某人以谎言建立起虚假状态。因此，未知区是尚待挖掘的"个人黑洞"，里边有负面的、正面的信息，也许通过某些偶然的机会，他人才能得以较为深入地了解。

正因上述内容所阐释的，"乔哈里视窗"内各窗口的大小是可调整的（见图3-4）。

	自己	
	已知	未知
已知	视窗1	视窗2
未知	视窗3	视窗4

图3-4　"乔哈里视窗"的可变形式

图3-4中，随着自我认知和他人认知的不断变化，视窗1到视窗4是不断变化的。比如，在与人相处中，我们常会将一部分他人不知道的内容暴露出来；如此，视窗1就扩大了，视窗3则缩小了。比如，与他人的相处可以帮助我们更有效地了解自己，于是视窗1扩大了，视窗2缩小了。

再比如，与他人共同经历过大事件后，视窗4缩小了，视窗1、视窗2和视窗3有可能同时扩大了。

对于领导者来说，其领导风格固然会受到各个视窗的共同影响，但最主要的影响源头是视窗2，即自己未知而他人相对了解的那一面。因为旁观者清，领导者本人与他人对现实的觉察通常是不一样的。

各个视窗之间的关系决定了一个人的领导风格不可能一成不变。因此，我们在划分领导风格类型时不用过于细致，通常可以划分为强硬型、坚决而公正型、软弱型。这种划分形式已经被广泛认可，实际上，它与库尔特·勒温的三种领导行为的划分相得益彰。勒温的分类是专制型、民主型和放任型，强硬就必然做不到民主，软弱则会导致放任，只有有坚强公正的决心和强大的能力才能做到民主。因为是粗略的划分，所以除了这三种领导风格还有很多种中间风格，就像管理方格画出的那样，有几十种甚至更多。

领导行为理论：绩效导向或维持群体关系导向

领导行为理论也称"PM理论"，是将领导方式分为两类：一类是以绩效为导向的，称为"P型领导"；另一类是以维持群体关系为导向的，称为"M型领导"。

P型领导者的行为特征是：将组织中每一个成员的注意力引向最终目标，使问题明确化，并拟定工作工序，使用专业评价方法来评定工作成果。

M型领导者的行为特征是：维持组织内部和睦的人际关系，调解成员之间显性或隐性的纠纷，为每名成员提供发言的机会，促进成员的自觉性与自主性发挥作用，增进成员之间的相互了解与交流。

经过后续管理学家们的不断改进，设计了"领导者的P-M职能问卷"。它包括工作激励、薪酬渴求、企业保健、心理卫生、工作精神、会议成效、沟通能力、绩效范围8个方面。编制问卷，进行5级评分，所得分数标注在一个两维的直角坐标系中，以此来确定被测试者的PM类型。

为提升测试的准确性，可以采用自评、互评、下级评价和上级评价的立体调查方法，以校正自我评价的偏差。再根据PM两种行为特征的得分分布，把领导行为分为四种类型，即PM型、P型、M型、pm型。通过进一步研究发现，这四种类型领导者的领导效果是有差异的（见图3-5）。

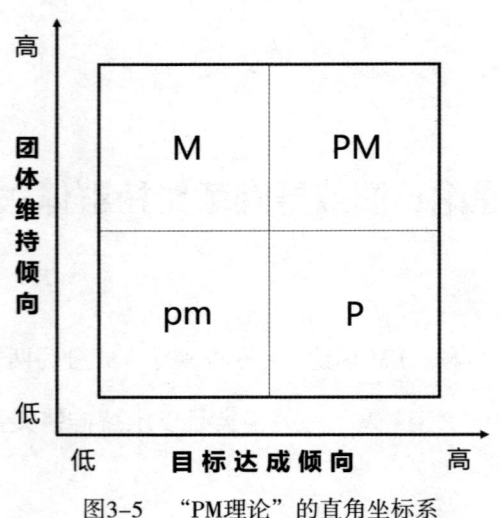

图3-5　"PM理论"的直角坐标系

（1）PM型领导者的领导效果最好，可产生最高的工作效率，组织成员对领导者的信任度最高，领导对下属的亲和力最强。

（2）M型领导者的领导效果次之，可以通过组织合作带动目标达成，能取得中等偏上的工作效率。

（3）P型领导者的领导效果一般，过多追求目标达成而忽略组织的整体协调，只能取得中等偏下的工作效率。

（4）pm型领导者的领导效果最差，既没有组织协作，也没有目标设定，将无法获得足够完成任务的工作效率。

为了让"PM理论"更好地运用于实际领导中，管理学家们为该理论做了实践性的变形，称为"领导行为四分图"（见图3-6）。

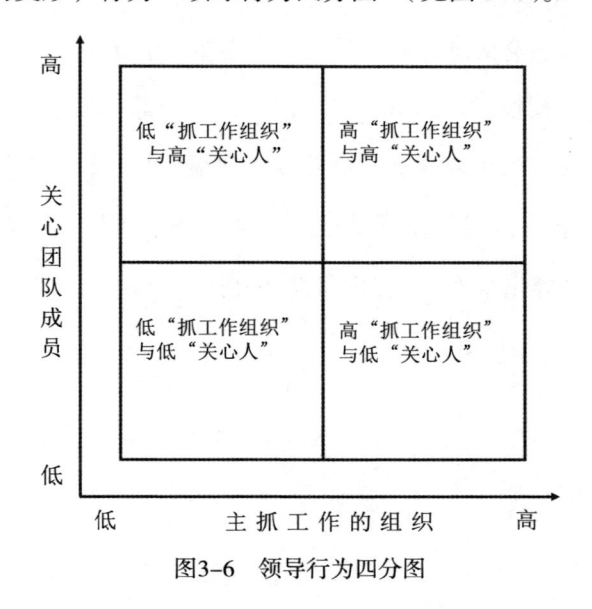

图3-6 领导行为四分图

随着领导者和被领导者的逐渐成熟，领导行为应按下列程序逐步推移：高工作与低关系→高工作与高关系→低工作与高关系→低工作与低关系。

第四象限：命令式，即高"抓工作组织"与低"关心人"的"高工作与低关系"模式。这是因为被领导者的成熟度较低，领导者只能采取命令式的领导形态。领导工作要强调有计划、有布置、有监督、有检查，否则被领导者将感到领导不力，方向感不明，工作无从发力。

第一象限：教练式，即高"抓工作组织"与高"关心人"的"高工作与高关系"模式。当被领导者已初步成熟时，领导者可采取任务行为、关系行为并重的教练式领导形态，布置工作不仅要说明干什么，还要说明为什么这样干，以理服人，协调合作。

第二象限：参与式，即低"抓工作组织"与高"关心人"的"低工作与高关系"模式。当被领导者更趋成熟时，领导者的任务行为要减少、放松，关系行为应保留原有强度，采取参与式领导形态。领导者与被领导者进行信息沟通，感情交流，建议吸收，增强相互信任。

第三象限：授权式，即低"抓工作组织"与低"关心人"的"低工作与低关系"模式。当被领导者的成熟度达到很高水平后，领导者应采取释放权力的领导形态，充分发挥其他成员的主观能动性；只在被下级需要时，领导者才"浮出水面"，提供帮助和支持。

第四章
柔性领导力之刚柔并济

柔性领导力

缺乏刚性的领导者，其自身影响力的发挥会大打折扣。缺乏柔性的领导者，其自身的黏合度也会大幅降低。

刚，既是坚强果敢，也是正直无私，但刚性领导不能简单理解为僵硬、僵化、不变通。从实际出发，刚性领导是一种以工作为中心、强调规章制度的领导模式。刚性领导凭借制度约束、纪律监督和实行奖惩规则等方式对员工进行管理和领导，要求领导者在实际的管理工作中必须严格照章办事，不徇私情，形成在制度面前人人平等的局面，以此来追求效率和实绩。

刚性领导行为必须以规章制度为中心，以预定目标为导向，以领导者的权威为拥有一定执行力度的保障，将命令、监督与控制有条不紊地予以实施。

与刚性管理"以任务为中心"对应的是柔性管理，是"以人为中心"，依据和依靠组织的共同价值观和文化、精神氛围进行人格化管理。柔性领导行为更加注重人的心理和行为规律，采用非强制性方式对员工形成潜在影响，从而将组织意志变为个人的自觉行动。

如果说刚性领导者依靠权力影响力，那么柔性领导者则不依靠权力影响力，会主动淡化权力在管理中的分量。刚性领导者是使用外在驱动力的高手，柔性领导者则是使用内在驱动力的高手。

因此，柔性领导行为必须依靠组织的共同价值观和心理文化氛围，让员工时刻处于企业的行为准则的无形约束之中，从而产生自控意识。柔性领导行为的另一项外在表现是领导者具有钝感力，对在企业管理中出现的不利情况予以缓治，让错误事件的具体实施者或实施团队有时间自我反省，领导者要根据实施者或实施团队的反省情况进行针对性纠正。这种反省，一方面加强了错误实施对象的工作复盘能力，另一方面也拉近了领导者和执行者的心理联系。柔性领导行为所达成的最终目的是领导者兼具亲和力和原则性，这也符合柔性领导力的本质，两性特质皆可习得，两性的性格特质同时具备。

最后需强调一点，本章标题是"刚性＋柔性的新领导树"，也就是说刚性和柔性必须相辅相成。领导者不能过度刚性，过刚则会让管理脱离人性，但也不能过度柔性，过柔则会让标准难以把握和实施，必须要结合自身性格和具体情况在刚性与柔性间不断转换。

定制度是刚性领导力的根

以制度为中心是刚性领导的根，是非常重要的标志。制度是在社会中要求大家共同遵守的规则和行为准则。萨缪尔·亨廷顿认为："制度就是稳定的、受珍重的和周期性发生的行为模式。"

制度引导和调整着生活和工作在其中的人们的行为规范，公平合理的制度可以极大地调动人的积极性，而不够公平合理的制度则会极大地伤害人的积极性，所谓"民不患寡而患不均"也是这个道理。

领导者通过制定和调整规章制度形成良好的制度环境。能将制度的力量贯穿到底的领导者无疑都清楚制度的价值，也知道践行制度的过程中需要面对各种情况，因此建立有效的制度，并通过制度进行约束和规范，这要求领导者必须具备刚性领导意识。

刚性领导就是将领导重心从以领导者个人为主转变为以制度为主，领导者通过法律和制度来制约和规范下属的行为，营造良好的制度氛围。当下属在制度规则作用之下展开活动，便感受不到领导者的约束和干预，他们认为自己只是对制度负责，但其实遵守制度就等于服从领导者的要求。

制度中制定了最基本的规则，既可以使领导者克服自身能力限制，也可以避免领导者的个人情感误导和主观臆断，更多体现领导的客观和公正。制度帮助发挥领导者的作用，体现在领导决策、选人用人、团队建设、激励奖惩等方面，这些方面的措施都要通过建立规范的制度来具体实施。

设目标是刚性领导力的茎

上一节，我们将定制度作为刚性领导的根，从制度在管理中的作用来看，制度的确担得起"根"的重任。一颗"领导树"有了最重要的根，扎根之后就是钻出泥土向上生长，成为参天大树。设目标就是形成树干，目标设定的优质程度也就是树干的粗壮程度，目标完整坚定则树干笔直没有枝杈，目标飘忽易变则树干弯曲、枝杈丛生。

你是否注意到这样的现象：当你在参加某个会议或活动时，总有一些人能够让其他人注意到自己，然后让他们不由自主地模仿。如果你暂时回想不起这样的情景，可以想象人们在音乐节上开舞会的场面。大家看起来都在舞动，却没有什么目的地各自行动。如果有一个人是有目的地跳舞，吸引周围人的注意力并使他们跟着他/她的节拍一起舞动，不一会儿就会有几个人聚到他/她的身边和他/她一起跳，然后是十几个人、几十个人，甚至上几百人。很多人还不知道发生了什么，他/她已经成功吸引音乐节上的许多人模仿他的舞蹈动作了。

无论你是否喜欢跳舞，这都是一个鼓舞人心的场面。就像当年有人怀念迈克尔·杰克逊而发起的快闪活动，他们在空旷的地方播放杰克逊的 *Beat It*。一个小哥现场起舞，几个人加入，随后更多人相继加入，最后形成庞大的队伍。大家跳了一段，便各自散去。不可否认，快闪活动是有组织的，但不是所有加入其中的人都事先知道具体安排，很多人就是受现场气氛感染临时加入的。

目标是虚拟的，但通过对目标的具体呈现，我们能够感受到目标的力量。周围有大量缺乏目标的人，风平浪静，一潭死水，需要有目标的人推动着奔向目标。这正是领导者应该具有的能力。因此，如果你是领导者，不妨问问自己"我的目标是什么"。

很多理由告诉我们应趋向有目标的人：他们最有可能保证群体的安全；他们才能实现进步和改变，他们会带领人们不断前进。

目标性强也是一个极具吸引力的品质。他们发言时，每个人都会静心聆听；他们行动时，其他人都会紧紧追随。他们的每一句话、每一个动作都展现着领导者的魅力。你不用和他们面对面，甚至不需转身就知道那个站在你身后的人——他是天生的领导者。

人类趋利避害的选择本能促使我们追随有长期奋斗目标的领导者：因为他们能传递给我们一种目标感，激发出我们在奋斗之后产生的内心兴奋感。渐渐地，我们会感受并依赖这份兴奋感，让奋斗持续下去。当一个原本普普通通的人跟随了他认为优秀的领导者后就会逐渐改变三点一线、没事刷手机的生活状态，变成一个向着目标坚定奋斗的勇士。

大量的研究表明，具有崇高的目标会使人们更加努力地工作，许多优秀的领导者都将工作形容为一种"使命"。

吉姆·柯林斯认为："领导者的目标应该是宏伟的、崎岖的、无畏的。"因此，领导者都必须找到一个崇高的目标，并确信每一个人都了解和认可这个目标，之后会发现拥有目标带来的神奇体验。

当然，崇高不仅要和平凡联系，还要和现实联系。也就是说，提出远大的、有情感加持的目标并不能确保目标一定能实现，现实的种种不确定因素往往会让目标成为镜花水月似的存在。有目标是好的，但目标过于宏伟又没有具体可行的策略就是不好的。无数事实证明，太多宏伟的目标最终在岁月的沉淀中消失不见。

因此，如何保证目标能够被实现是非常重要的，我们提供的方法是必须让人们看到实现目标的进展。就像准备登山的我们，设定好一个又一个目标里程碑后开始行动，当我们远远看到一个里程碑时，内心就会受到鼓舞。当我们征服了一个又一个里程碑，最终会登上山巅——我们的终极目标。

设定目标里程碑的做法非常绝妙：要求每一段旅程都不是很远，每一段进展都是可见的，旅程中因为不断抵达里程碑而持续得到激励，由此鼓励自己奋力前行。在不知不觉间，我们形成了一个回报奖励系统，持续追求奖励的兴奋确保我们不会因疲劳而中途倒下。

但是，大脑的回报系统不仅擅长识别人们取得的进步，也擅长识别没有取得的进步——它让人们感到行动毫无价值。

因此，无论目标是什么，必须让日复一日的工作和远大的目标之间产生紧密的联系，领导者要带给人们参与感和满足感，让每个人的心中都存有"梦想成真"的理想，并为实现这个理想而竭尽全力。

柔性领导力

树权威是刚性领导力的花

柔性领导力是两性优秀特质兼修的领导力，领导者既要具备男性特质的行为风格，也不能忽视女性特质的行为风格；要根据不同的领导情境，取各自优势而用之。

在凸显刚性领导行为时，偏男性化的领导行为风格更为有效，比如困境中的强悍、危机中的决断、纷乱中的坚硬等。作为领导者，时常做好面对困境、危机、纷乱的准备非常有必要，因为不确定因素一直存在，糟糕的情况长期潜伏。如果缺乏这些素质，领导活动中难免会产生退缩心理和行为，导致领导行为难以继续。因此，作为领导者，必须培养身处领导岗位所需要的强悍、决断、坚韧的性格和意志品质。只有真正强韧，自己的威力才能够被树立起来。

领导者本身就代表了管理的权威，但实际情况是并非每一位领导者都能拥有权威；成为领导者只能说明拥有了权力，但权力值的多少要靠领导者自己经营。权力是浮在表面的，权威是存于人内心的，有的领导"一言九鼎"不代表真的具有权威，但有的领导"大权旁落"，说明连权力值都少得可怜。可见，权威并不是领导者的标配，不是成为领导的同时就能随之附带的。

领导者的权威基本来自领导活动中的有意树立，有人形象地将树权威看成是"领导者自己培养自己的过程"。

树权威之前要先锤炼心力，拥有强有力的内心支撑才能让威力有根可循，不然"威力"就是虚弱的，很容易被击垮。锤炼心力可以从几个方面切入。首先，要直面挑战，勇于担当。安于现状必将碌碌无为，任何一个领导者想有所作为必然要突破管理舒适区，冲破内心的"怕"——怕失败、怕担责任、怕被嘲笑，冲入管理困境地带，以敢想、敢做、敢承担的勇气带领团队奋力开拓，在困难面前决不妥协，在压力之下绝不退缩。其次，要树立目标，永不放弃。本节又一次说到了目标，但这里的目标不是强调整体性的远大目标，而是做具体事情的短期目标。目标是导引奋斗的方向，为每一件事都确立一个目标，然后坚持不懈地努力，不论过程中遇到多大的困难，都要像工程兵那样"逢山开路，遇水架桥"，抵达目标，骄傲地实现它。最后，要紧抓时机，果断而坚定。权威是在每一次正确的选择中逐渐积累起来的，而做选择必须是当机立断的，毕竟好机会总是稍纵即逝的，只有烂机会才会不断出现在我们面前，以假面诱惑我们。决断、选择总难免出错，但不能因为怕出错就不敢做选择。作为领导者，带领团队做选择是常态。

树权威的核心在于重视法定权。组织内部的领导权力都是法定的，具有强制力量，强制的优点在于能够快速集中地实施计划、完成任务，因此在权力的使用方面不能过于保守，应在有监督的情况下充分释放。

树权威可以在奖惩上完成。制度建设的过程中必然伴随奖励和惩罚，懂得正确运用奖惩权的领导者更能有效地开展工作。何为正确运用？可以用长篇大论进行讨论，也可以总结为几个字：奖优罚劣，公平公正。作为领导者，坚决不能将奖惩权变成泄私愤，否则也能让奖惩制度成为组织内的"人情毒瘤"。

树权威需要培养能力。领导者的能力能带来巨大的影响力，成功的领导者在领导过程中表现的一项或多项超群能力，能得到追随者的信任和拥护。

树权威的同时也是在树立人格魅力。说到人格魅力，总给人很空的感觉，不知道该如何阐述，但无论你是否承认，人格魅力就在那里，时刻闪现着耀眼的光芒。领导者的人格魅力是在其领导过程中影响和改变他人心理和行为的能力。这种能力来自领导者的品格、素质、知识、才华、道德修养等多个方面。这种魅力是一种自然的来自内在言行合一的气质。

我们将树权威看成是刚性领导的花，看似二者并不匹配，因为花给人的感觉从来都是柔弱娇嫩的。但具有权威性的领导力就是具有闪耀的外在，同时也具有壮丽的内在，呈现一种有魅力的领导能力。

在每一次面对困境、危机和纷乱时，领导者们锤炼出的权威都会像开出的花那样，能漂亮地解决所有问题。或许，你会惊讶于领导者所采用的方式，认为那很不可思议。但一个充满创意、具有探索精神的领导者就如同一棵充满着生命力的大树一样，能给人带来饱满充足的能量。

组织文化是柔性领导力的种子

组织文化建设是柔性领导行为的出发点、依据、载体，因此我们将它比作领导树的种子，意思就是组织文化建设成功就等于领导者为组织内部播下柔性领导的种子，然后在各个合适的阶段结出果实。

组织文化建设是指组织成员的共同价值观体系建设，它使组织独具特色，成为区别于其他组织的独立存在。组织文化建设既是柔性领导的理念，也是柔性领导的行为，在某种程度上而言，柔性领导的过程也是组织文化建设的过程。

美国麻省理工学院斯隆管理学院的埃德加·沙因教授认为："组织文化是组织在解决自身面临的外部适应和内部整合问题时，其成员习得的一整套共享的基本假设。"沙因进一步指出，由于这套假设能够有效解决组织所面临的问题，所以被作为正确认识、思维和情感方式而授予新成员。

可以这样解释沙因的话：世界纷繁复杂，文化是人类对现实世界的简化。因为人的认知需要保持一定的稳定性，文化恰好成为媒介，将复杂的外部世界与追求简单的个体内心连接起来。

在组织文化的假设中，价值观是核心。如果价值观与事物发展的实际进程吻合，便会增强人们对该理念的信心，提高组织凝聚力，甚至慢慢地将其衍进为指导实践的更深层假设。斯坦福大学的查尔斯·奥雷利的研究也契合了这一点。他将组织文化分为两个层面，一个是价值观的强度，另一个是价值观在组织内部的传播度。如果一家企业的价值观很强烈且传播度很高，那么该企业拥有强大的组织文化。

优秀的领导者都有明确的关于组织应该如何发挥作用的价值观体系，而且他们通常选择那些和自己有一样思维方式的下属，因为他们认为这样的下属更容易对组织文化形成认同。

亨利·福特的理想是让地球上的每一个人都能拥有一辆汽车，于是福特的组织文化中就包括了"使汽车大众化"。鲍勃·夏皮罗作为孟山都公司的首席执行官,在第一次演讲上就提出了"消除全球饥饿"的战斗口号。"日常性别歧视项目"创始人劳拉·贝茨认为,她的使命和她的组织的使命就是将真正的平等遍及全球……

与上述企业类似,苹果、微软、英特尔、脸书、谷歌、亚马逊、惠普的历史都揭示了少数创始人希望做点不同的事情。不可否认的是领导力创造了变革,如果这些变革为一个组织带来成功,并且领导者的愿景和价值被采纳,那么文化就会生存下来,并不断发展着。

因此,创始人通常对组织最初的文化界定有重大影响,因为他们有最初的想法,会根据自己的经历和个性形成想法;但组织文化建设永远是一项复杂的系统工程,不可能一蹴而就,也不能一成不变。基于"复杂人的假说",沙因认为:"不仅人们的需要与潜在欲望是多种多样的,而且这些需要的模式也是随着年龄与发展阶段的变迁,随着所扮演的社会角色的变化,随着所处境遇及人际关系的演变而不断变化的。"

正因为人本身具有不确定性,在进行组织文化建设时,必须根据人的心理变化规律去实施,必须充分考虑到人的需要的复杂性和变化性。如有自尊感满足的需要,有被认可的需要,有寻找归属的需要等,这些需要彼此不同,又会随着个体所处环境的变化而不断变化。

钝感力是柔性领导力的叶子

南风和北风比较威力,看谁能让行人把身上的大衣脱掉。北风的想法很直接:"只要我使劲吹,就能把人们的衣服从身体上剥离掉。"然后,它给出了"狂风大作+寒风刺骨"的寒冷套餐,行人们被突袭的寒冷惊到了,都将衣服裹得紧紧的,任凭北风怎样操作都无济于事。最后,北风累到再也没有力气了,只好作罢。南风的操作则正好相反,它是采用"微风徐徐+暖风阵阵"的温暖套餐,顿时风和日丽,行人一边享受着温暖,一边解开了纽扣。不一会儿,大家便纷纷脱掉了大衣。南风没怎么费力便取得了胜利。

这就是"南风法则"。可以从两个方面解读:一方面,柔性的力量未必比刚性差,南风的柔和就战胜了北风的强劲;另一方面,缓慢地应对未必比急迫地应对效果差,北风迫切地希望展示自己的力量,最终却是不急不躁的南风获得了胜利。

"南风法则"恰好点题本章的柔性领导和本节的"钝感力"。柔性领导是实施领导行为必不可少的,标志着领导者具备平衡的领导力。"钝感力"这个词在生活中并不常见,是由日本作家渡边淳一首创的,他直接解释为"迟钝的力量"。

"迟钝"在人们的意识里是不好的,带有贬义和否定的成分。如果有人被评价反应迟钝,那他/她一定会火冒三丈,对其客气的解释是木讷,不客气的解释就是大脑呆傻;如果有人被评价为敏锐,那他/她一定会开心地接纳,因为这表明别人认可自己是机敏的、睿智的、灵活的。

但渡边淳一理解的"迟钝"是不一样的,现代社会的竞争可以用残酷来形容,过于敏感只能让自己更容易受伤。因此,渡边淳一告诫人们不要对日常工作和生活中的挫折和伤痛太过敏感,"迟钝"是非常有必要的。面对纷繁复杂和变幻无常的外部环境,个体需要的不是忙乱地紧追,也不是顾影自怜地自责与责人，而是要对外界的打击"迟钝"一些，让自己的心变得粗糙一点，能够承受各种痛苦的锤炼。

这就是"钝感力"的真正含义，它不意味真的迟钝，强调的是对于身处困境的一种耐力，是一种积极向上的人生态度，是求得自身内心平衡及与他人和社会和谐相处的能力。正因如此，"钝感力"使人更易在竞争激烈、节奏飞快、错综复杂的现代社会中生存，也更能让我们的才能开花结果。

话题论述回到柔性领导，好像"钝感力"只是个体对待外界困境的一种能力，看起来更多是被领导者应该习得的，因为被领导者有更多的机会感受挫折和失败。其实，领导者也应该具有"钝感力"，因为领导者会面临更大的困境，遭遇更多的挑战。直面挑战、敢做敢当，却又缺乏"钝感力"的领导者会如猛虎下山般扑向那些问题，希望以一阵疾风快拳将问题解决。但不是所有问题都能在短时间内解决的，有一些问题需要时间和耐心慢慢解决，在遇到这种"黏糊糊"的问题时，"迟钝"就是最好的法宝，自然无惧地面对，更细致全面地思考解决对策，真正做到韬晦待时，一击即中。

领导者需要"钝感力"的另一个关键点在于领导者要进行人员管理，员工的个性是各种各样的，人无完人，每个人都有各自的特点，在工作中常常表现出各种毛病，其中绝大多数都是小毛病，不会影响工作。但缺乏"钝感力"的领导者总是难以容忍员工的小毛病，一些领导者还会放大效应，大力度治理员工的小毛病。拥有"钝感力"的领导者则会容忍员工的小毛病，给员工相对包容的工作氛围。

刚柔并济是柔性领导力的果实

亲和力强的人给人以"老好人"的感觉，容易被人情世故所牵绊；原则性强的人则一副"铁面人"的模样，不会被世俗情感所打动。其实，这是对这两个词汇的极端性理解，认为亲和就一定不讲原则，而讲原则就一定缺乏亲和。

纵观所有成功的领导者，他们都是平衡亲和力和原则性的高手，在讲原则的基础上友善和蔼地对待他人，以足够亲和的态度将自己的领导原则最大化呈现。

但是，现实中很多领导者并没有将亲和力和原则性进行平衡，而是走上了"二律背反"之路。所谓"二律背反"，是指双方各自依据普遍承认的原则建立起来的、公认的两个命题之间的矛盾、冲突。更简单的解释是，两个相互排斥却被认为是同样正确的命题之间的矛盾，运用在领导力方面，就是成功的领导力中既包含亲和力因素，也包含原则性因素，它们都是成功领导力的组成部分，但亲和力和原则性从字面理解却是一对矛盾体。很多人也的确无法平衡好亲和力和原则性，在领导行为中经常出现"二律背反"现象。比如，从讲原则的角度对员工严格要求会被批评缺乏"人情味"，可能会招致员工产生抵触心理；从亲和力的角度对员工宽泛要求又会被批评"人情味"过度，员工会因此变得散漫、怠惰。可见，如何在领导方式上宽严相济是对每一位领导者的考验。

"二律背反"应用于管理学上,对其更深一层影响仍然来自对性别的刻板印象。因为传统观念中,女性是温和、柔弱、依赖性的,那么女性领导者也被天然赋予这样的判定,因此很多人对女性领导者缺乏信任,这也包括女性自身。因此,一些女性领导者为了跳出给女性设定的传统意义上的"温柔陷阱",赢得更高的领导地位和巩固自己的领导权威,往往会在工作中表现出比男性还"男性化"的一面,以独断、强硬、咄咄逼人,甚至冷酷无情来诠释自己的领导行为。但这种过度的转变并不能对改善女性领导者的现状起到促进作用;相反,一些女性领导者的领导方式、领导行为和强势外表并不匹配,在领导活动中给人以极不协调的感觉。这种内外反差给人以不真实的权威的印象,领导行为的偏差反而放大了这类女性做领导的缺陷。

其实,无论男性还是女性,身在领导岗位,都会有自身的优势和劣势,如何放大优势和规避劣势是所有领导者都要做的功课。

鉴于整体环境对女性领导者缺乏宽容性,我们仍以女性领导者为例,看看如何塑造刚柔相济的领导风格。一方面,女性领导者要果断坚定同时蕴含女性的细致、严谨和善解人意。果断坚定能消除女性领导者在人们心中缺乏魄力的印象,而细致、严谨和善解人意则可以让女性领导者少一些"女强人"的感觉,一个领导者具有权威并非通过强大的外表来制服他人。另一方面,女性领导者要注意在亲和宽容中保有原则,在平和中展现厚德载物,以柔克刚,以砥砺而强大的智慧面对领导工作的所有情境。领导品格是一种以德服人、凝聚人心的品格,领导者的中心思想是围绕着利他互助,并通过自身坚定不移的正知、正见、正念影响周遭的人不断地提升意识和精神的高度,引导人们消融生命的局限于障碍,激发人们前进的意愿。这也是刚柔并济领导力必须结出的果实。

第五章
柔性领导力之适当形态

与领导者相对的是被领导者,从常规理解,它们是控制与被控制的关系。但领导者与被领导者之间就只能是控制与被控制的关系吗?还有没有其他的关系存在呢?管理学已经揭示了领导者与被领导者之间是存在多样性关系的,肯·布兰查德与保罗·荷西在1969年出版了经典作品《组织行为的管理》,首创"情境领导理论"。

情境领导理论的基本观点是:在领导和管理企业或团队时,不能用一成不变的方法,而要随着情况和环境的改变及员工的不同,改变领导和管理的方式。

领导者所处的情境随下属的工作能力和意愿水平的不同而变化。下属的能力水平与意愿水平是非均质的,且是多样化的。有的员工技术水平强,能又快又好地完成领导交代的工作;有的员工技术水平弱,很难独自完成一项任务;有的员工学习能力强,可快速掌握新技能;有的员工学习能力弱,要反复学习才能取得一些进步。

情境领导理论的关键是对员工的发展阶段进行诊断,而判断员工所处的发展阶段可以依据两个组合要素——工作能力和工作意愿(见图5-1)。

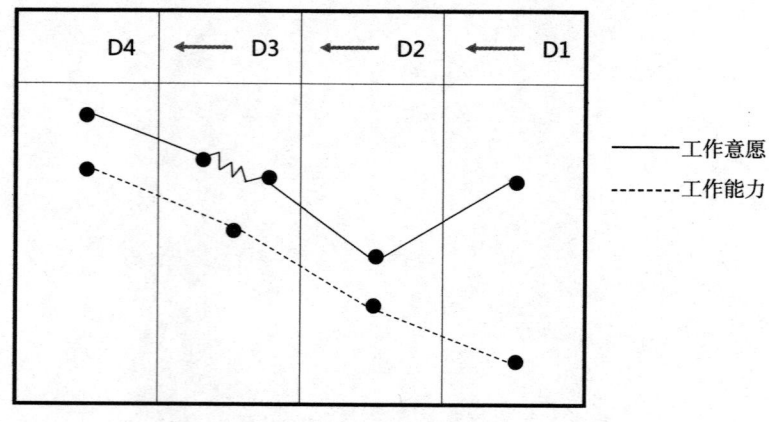

图5-1 员工的发展阶段

图 5-1 中，D1、D2、D3、D4 分别代表员工在企业发展的四个阶段——新人期、成长期、成熟期、稳定期。实线代表工作意愿，虚线代表工作能力。通常情况下，只要领导者采取正确的领导方式，下属的工作意愿在任何阶段都会高过工作能力。

判断员工处于什么样的发展阶段，主要看这两个要素的结合情况：

（1）D1 阶段的员工是热情高涨的初学者，工作能力弱，但工作意愿强；

（2）D2 阶段的员工是被现实拍打的学习者，工作能力仍不强，工作意愿大幅下挫；

（3）D3 阶段的员工是能力与谨慎并存的执行者，工作能力较强，但工作意愿不太稳定；

（4）D4 阶段的员工是独立自主的完成者，工作能力强，工作意愿也高。

根据这两个组合要素，我们把员工按照四象限方法区分为四类。相对应的是领导方式也分为四类——指令型、教练型、支持型、授权型（见图 5-2）。

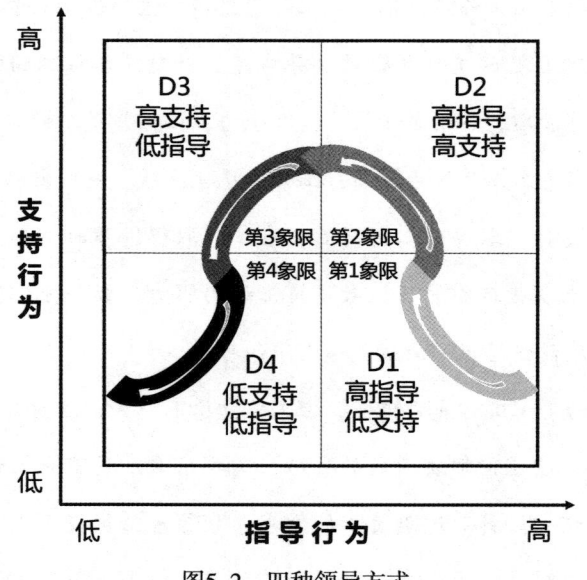

图5-2　四种领导方式

柔性领导力

第1象限：指令型领导者。领导者对于员工的工作给予详细指示，并密切监督工作流程，以便随时指导、纠正。

第2象限：教练型领导者。领导者与员工共同探讨工作方式，在做出决策后鼓励员工自己想办法实施，但会在关键环节对员工提供建议。

第3象限：支持型领导者。领导者和员工共同制定决策和目标，领导者的角色任务是为员工提供各方面支持，激发员工的潜力，推动员工独自完成工作。

第4象限：授权型领导者。领导者授权员工独立作业，包括独立决策、独立整合资源、独立完成工作流程、独立进行复盘分析，领导者只在最重要时刻给予支持和帮助。

领导者应对下属的特征给予更多的关注和重视，根据下属的具体特征确定适宜的领导方式；也就是领导者应因材施教、因地制宜，对不同特质、不同程度表现的下属采取不同的领导方式。

第1象限的员工工作能力很弱，工作意愿高。他们迫切需要提升自己的工作能力，并希望自己的工作热忱被领导肯定。针对这类员工的需求，领导者适合采取指令型管理，帮助员工快速提升能力，以保护员工的工作意愿。

第2象限的员工工作能力较弱，工作意愿也降低。他们需要在工作遭受挫折时得到及时支持，需要信心与耐心，在工作取得进步时得到恰当的肯定与激励。领导者采取教练型管理，激发员工的内驱力，引导他们突破自我的限制，转化并拓展意识思维，激励创造无限的可能。

第3象限的员工工作能力较强，但工作意愿不稳定。他们需要有一定的独立空间，需要传授他们解决问题的技巧，需要用客观的眼光来评估自己的能力，从而建立信心。针对这类员工的需求，领导者必须提供支持型管理，提供给员工一份温暖，给予希望，赋予他们价值，以安抚员工不稳定的信心并启迪意义与使命。

第4象限的员工工作能力强，工作意愿也高。他们需要变化与挑战，更需要能够让自己独立自主并让自己充分发挥能力的机遇。针对这类员工的需求，领导者应该采取授权型管理，不再把自己当成领导者，而是下属的合作者，创造充满鼓舞与允许探索的空间。

具体分析这四种领导方式，它们的区别在于由谁来做决策。第一种指令型是由领导者全权决策；第二种教练型也是由领导者做决策，但提前和下属进行讨论；第三种支持型则是领导者和下属共同做决策；第四种授权型则是完全由下属来做决策。

总之，管理的最终目标是把每一个员工都培养到可以被"授权"的位置上，领导的效能也取决于下属接纳领导者的程度。无论领导者的领导方式如何、领导行为如何，其效果最终是由下属的现实行为判定的。

"我来决定，你来做"——指令型状态

领导者独自做出决策，下属负责决策的执行，领导者对下属的执行过程进行具体指导，下属在领导者的指导下完成每一个步骤。

指令型领导方式的五个特点。

（1）行为方面：高指导，低支持。

（2）沟通方面：基本是单向沟通。领导者说，下属听。

（3）决策权方面：决策由领导者做出，下属负责具体执行。

（4）监督频率方面：因为团队生产力不高，所以监督频率较高。

（5）解决问题方面：指令型领导者通常帮助下属解决大量的问题。

当下属处于能力偏弱的初学阶段，领导者需要给下属提供"做好工作的具体标准"。当下属处于能力偏弱阶段时，往往有种"初生牛犊不怕虎"的精神，工作意愿很高，领导者要注意保护下属的工作积极性。

密切关注下属的行为表现，界定领导者与下属的角色，一般表现为帮助下属了解任务情况，指导下属制定行动计划，跟进下属工作情况及时进行反馈。首先，领导者帮助下属了解待执行任务的有关情况，包括工作范围、工作权限和应承担的责任，有哪些其他领域的可转移的工作能力可以利用。

然后，领导者帮助下属共同制定行动计划，明确下属的工作优先顺序和时间计划，如每个关键环节的执行顺序与重要程度，直接、明确地告诉下属每个关键环节具体应该做什么以及完成的时间节点。

领导者应跟进了解下属对工作结果的反馈，当工作过程中出现更好的提升绩效的方式，领导者应该及时接受下属的反馈，并协助其进行信息收集与整理。

领导者要对下属的工作过程进行督导，监督确保执行的正确性，在出现错误时及时制止，并进行正确指导。

指令型领导，领导者仿佛是"呵护式"地参与，体现出事无巨细的管理风格。对于团队新员工或能力偏弱的员工，作为直接领导者，就有责任指导他们走向成熟，需放下过程中因管理的烦琐而生发的执念与操控心理，保持纯善的意图指导并守护员工，关心他们的成长路径与节奏。这对自己团队也是有益的。

指令型领导方式的沟通方式是告知式的。为了让下属高效执行、精准完成任务，领导者在这一阶段必须绝对告知，布置任务越具体、越详细、越明确越好。同时，领导者还应有一项告知义务，就是告知责任主体是谁。因为下属都是按照领导者的指令行事，领导者必须承担责任，因此要告知下属不必担心承担责任，放心做事即可，给予下属强有力的心理依靠和支持。

采用指令型领导方式对员工的能力要求不高，所以是属于一种集权行事的领导方式。因此，虽然指令式领导方式对培养员工具有作用，但只能持续使用一段时间，不能长时间实施，更不能成为企业的常态化领导方式。因为采用这种领导方式对于员工的积极性是极大的剥夺，短时间内员工有成长的需要，可以接受这种方式，时间一长，便会因为积极性消磨殆尽而失去工作热情。

"我们探讨，我来决定"——教练型状态

领导者与下属共同探讨，探讨之后仍由领导者做出决策，但领导者会在决策过程中吸收下属的有益建议。下属负责决策的执行，领导者对下属的执行过程不再具体指导，而是给出关键建议。

教练型领导方式有五个特点。

（1）行为方面：高指导，高支持；

（2）沟通方面：领导者主导的双向交流，并且提供反馈；

（3）决策权方面：领导者征求下属意见后再做决定；

（4）监督频率方面：监督数量维持在一定的范围内，比较多；

（5）解决问题方面：当下属执行过程中出现困难时，才帮助解决。

随着新员工的成长，工作能力有了显著提高，领导者需要给予下属明确的工作目标和清晰的愿景。但随着工作能力的提升，下属遇到的障碍也逐渐多了，如工作比原来想象中的困难了，没有人看到"我"的努力，没有人在遇到困难时帮助"我"，越努力越意识到自己要学的东西很多，工作遭遇瓶颈，想要继续进步难度加大等。所以，尽管工作能力有所提升，但工作意愿却持续降低。可以肯定的是，这个阶段员工的工作意愿是各阶段中最低的，所以领导者要做的是再次激发下属的工作积极性。

因为下属的工作经验和工作能力都有了一定程度的积累和培育,知道事情该怎么做,也有自己的想法,但还不十分确定。这时,下属需要的不是下命令的指挥官,而是能给出关键性指导意见和较高支持的教练。因此,领导者除了多给指导外,还要给予较高的支持,如询问和倾听下属的困惑和问题,多采取双向讨论式的沟通方式进行交流,让下属参与决策的制定,鼓励并促成下属独立自主地解决问题,解释工作出现困难的原因,经常对下属的工作予以反馈,下属取得进步时给予其肯定和鼓励,允许下属在工作中出错等。

教练型领导方式的沟通方式是讨论式的。工作任务制定出来,不再直接下达命令,而是与员工进行平等的讨论,重点听取员工的想法,然后稍加指点。讨论式的沟通氛围帮助创造员工积极思考的机会。员工因能力有限和对任务的操作不够熟练,考虑不周全实属常见,领导者可以采取启发式的点拨,引导员工在重要细节和关键点上做延展思考,这种建立于启发的思考能让员工更快成长。

如此教练的过程也是培养人才的过程,教练式学习即是通过领导者的引导,使员工对自己的思维及潜能产生好奇与主动的探索,这是一份向内的探索与发现。员工成长的速度也是因人而异,有人会在一个点拨下瞬间领悟,有人可能需要很长的教练周期甚至往复,因此,不能以教练次数来判定员工的成长速度,而应以实际工作状态而定。对于那些具有潜能的员工,应将其可持续发展作为优先重点,通过确认他们最迫切的发展需求,创造学习机会,并支持各类广泛的员工培养发展活动,从而促进其专业发展和获得技能,使其能够尽快独当一面。

采用教练型领导方式对员工的能力要求有一定的提高,即员工的能力能够基本适应领导者的要求。领导者与员工虽然具有一定的双向交流关系，但责任还是基本上由领导者来承担，因为决策是领导者独自做出的。在这种领导方式下，团队成员有一定的自主性，工作积极性将在能力不断提升的过程中得到提高。

"我们探讨，我们决定"——支持型状态

领导者与下属共同探讨协商，探讨之后由领导者和下属共同制定出决策。领导者不会以权力干预决策过程和决策方案制定，但会针对决策提出自己的问题，下属要有针对性地回答。下属负责决策的执行，领导者对下属的执行过程不再给予具体指导，也极少给予关键建议，更多的是进行资源和权力的支持。

支持型领导方式有五个特点。

（1）行为方面：低指导，高支持；

（2）沟通方面：领导者多问、少说、不管，多听下属的意见；

（3）决策权方面：决定权已逐渐从领导者向团队成员（下属）转移；

（4）监督频率方面：监督维持在局部的重要范围内，相当少；

（5）解决问题方面：只有在下属认为工作比较困难时，才会共同协商并解决。

下属在这个阶段基本可以独当一面了，他们希望能按照自己的意愿进行工作，并期待领导者给予更多的支持，支持的内容包括但不限于：语言

激励，资源倾斜（并非大量倾斜，而是给对下属而言非常关键的资源使用开绿灯），减少环节中的监督（不是撤掉所有监督，而是将一些过于细节化的监督去掉，给予下属施展的空间），结果导向（尽量直接关注结果，而非执行过程，给下属自己调整和改正的机会）。

希望获得的结果是：下属解决问题的能力能被客观评价，下属高水准和超常规的表现能得到肯定和认可，下属能及时表达自己的顾虑，下属的见解和困难能得到认真倾听，下属的工作困惑能得到及时解释，下属工作所需的资源能及时准确地给予到位……领导者将作为资源者与支持系统，给下属带来安全感与信任感。支持型领导方式的沟通方式是提问式的。领导者应信任、尊重下属的独立思考，并给予执行空间，在下属带着不确定的心态主动找领导讨论时，领导者应带有全然的信心去启发下属的思想和意识，在方向上给予把控，但收集、思考和评估所有相关信息还要下属自己去做。如果下属在工作中确实遇到了棘手的难题，需要得到帮助，领导者可以带领下属探索具有可能性的方案，提出新见解，并识别问题、分析障碍，让下属在陪伴与支持下解决问题。无论是给予哪种程度的支持，领导者都要信任下属的能力、尊重下属的努力，赋予他们明确与笃定的信心和不屈不挠的韧性。

采用支持型领导方式，领导者需放下"谆谆教导"的意图，通过提问的方式激发下属的潜能，促进其深入思考和具备成熟的决策能力。提问可以从以下四个方面着手。

（1）目标。领导者需要问："你的目标是什么？""你想解决什么？""你的预期时间是多久？""你如何做人员安排？"……

（2）现状。领导者需要问："现在的情况怎么样？""现在完成任务的时间和人手够不够？""现在还缺什么资源？"……

（3）帮助。领导者需要问："需要找谁请教吗？""需要借用什么资源吗？""需要借调额外的人手吗？""需要对接某个部门吗？"……

（4）计划。领导者需要问："接下来你有哪些安排？""你觉得这个节点应该干什么？""你的计划有预备方案吗？"……

这些提问将促进下属进行全局性的思考，促进其工作能力的提升，当下属能独立完整地制定计划、解决问题并落实目标时，这种管理基本就是合格的管理了。

领导者用开放式方法提问，提问要有指向性，简洁明了，忌空泛、笼统，笼统的问题易让下属在信息获取上原地踏步，或是用相对空泛的回答加以应对，甚至没法回答。提问过于具体详尽则易让下属在思考上趋于片面、缺乏空间。

采用支持型领导方式对员工的能力要求进一步提高，要求员工有能力独立完成工作任务。责任基本下放到团队，由团队成员承担具体执行责任；但由于决策权和监督权并没有完全放开，领导者仍然要承担决策和监督责任。但是，如果决策权和监督权的使用没有制度的保证，往往潜藏着很大的风险，因为不是所有下属都愿意在遇到问题时主动与领导沟通，这就导致一些问题在执行过程中被刻意忽视了。

"你来决定，你来做"——授权型状态

领导者不再参与具体任务的决策制定（但战略目标性决策权仍归属于领导者），完全由下属自行研究，自主决定，独立决策。下属也负责决策的执行，领导者在下属执行过程中基本处于"隐身状态"，完全由下属独立寻找解决方法和所需资源。领导者只在任务完成后听取下属的汇报，对任务的复盘总结也由下属独立完成。

授权型领导方式有五个特点。

（1）行为方面：低指导，低支持；

（2）沟通方面：进行下属主导的双向交流，并且下属提供工作汇报；

（3）决策权方面：已经完全下放，具体任务安排及决策制定由下属自行进行；

（4）监督频率方面：监督相当少或基本取消；

（5）解决问题方面：鼓励下属自己解决，基本不会进行协助。

当一名员工经历了新人期的指令型领导＋告知式沟通，经历了成长期的教练型领导＋讨论式沟通，经历了稳定期的支持型领导＋提问式沟通，终于来到了成熟期，该阶段的员工工作能力已经不成问题，工作意愿也很高，往往都是企业的骨干。这时，他们需要变化和挑战，需要合作式的领导，而不是老板式的领导。他们需要极大的自主权，需要被充分信赖，需

要对于所做的贡献得到物质上与精神上的双认可。因此，领导者应将权力在允许的范围内完全下放，授权下属独立计划、组织、管理、控制，可能会偶尔在必要时过问工作的进展情况，但通常是完全不过问的，由下属独立操控某项任务的整个过程。

授权型领导方式的沟通方式是观察式的。领导者只需对下属说一句"这个项目交给你了，你全权负责"就足够了。领导者要做的是观察，除非有大方向的错误需要及时指出，过程中出现一些小问题，你完全不用着急，让下属自己去发现、调整、犯错、改错是成长的必经之路。在项目完成之后也不必急匆匆地为下属指出错误，要认真听取下属的总结报告，很多时候下属已经总结了不足，在报告中阐述出来了。领导者必须做到不插手、不干预，给予充分信任，只做必要的宏观调度。

但要强调一点，授权不是大撒把，领导者不能成为"甩手掌柜"，实则是领导者在授权之前已经设定好航线并对航行已经成竹在胸。他们清楚抵达目标的路径，并且能预见到挑战与困难。

采用授权型领导方式对员工的能力要求很高。领导者授权，员工才真正实现了分担领导者权力，整个团队也可以做到集思广益，实现真正的高绩效。

最后，我们将上述四种领导方式进行综合性总结，以便大家更深刻地理解。

对员工的管理和人才的培养是循序渐进的过程：新人期还处在初学阶段，领导者要多指导，多告知；成长期不必全面指导，而要多讨论和充分表达，领导者像教练一样加以点拨；稳定期员工能力持续提升，需要的不是指导而是支持，领导者通过提问的方式帮助思维启发；成熟期需要更广阔的成长空间，可以直接授权以项目，领导者只需适当观察，听取总结汇报。

以上四点进行总结如下：

（1）新人期阶段——指令型领导者——告知式沟通方式；

（2）成长期阶段——教练型领导者——讨论式沟通方式；

（3）稳定期阶段——支持型领导者——提问式沟通方式；

（4）成熟期阶段——授权型领导者——观察式沟通方式。

优秀的领导者必须了解员工所处的阶段，慧见每个人独特的天赋、特质，明白与之对应的领导方式，并灵活运用相应的沟通方式。如果领导者不注重因人而异的管理，忽略人性管理的差异化特点，必将制造与团队之间的二元冲突。比如，A员工已经到了成熟期，能力完全可以独当一面，需要授权型领导＋观察式沟通，但领导者却采用指令型领导＋告知式沟通，每一步都命令员工具体做什么。自尊和自信受到打击的员工必然会对该领导心生抗拒，工作中抵触心理严重，导致隔阂与磨擦产生。员工也会因为缺乏成长空间、缺乏归属感而出现职业倦怠，组织承诺感与忠诚度不足。

B员工是刚入职不久的新人，虽然学历很高，但经验缺乏，需要指令式领导＋告知式沟通，但领导者却采用支持型领导＋提问式沟通，让其独立执行任务，不加任何指导，只是提出重要的问题，员工因不能正确回答领导的问题而心生惶恐，又因工作中自己缺乏能力和经验而处处碰壁，如此处境之下，员工的自信和工作热情会被不断消磨，也很难得到能力上的提升。

以上两个案例，领导者采用的领导方式不当的本质是，领导者没有同理心与调频意识，领导者本身要保持觉知，安静聆听，关照员工的特质与内在的心理活动。领导者需要不断觉知自我界定与管理边界，要创造与团队成员的共鸣；共鸣越强，团队成长的移动速度越快。

第六章
柔性领导力之风度与格调

风度与格调是所有领导者都希望具有的工作气质。风度是领导者在领导活动中具有智慧的体现，格调是领导者在发挥影响力时个人魅力的体现。具有风度与格调的领导者有超凡的领导境界，需要具有两个前提作为基础，一是自我意识，二是自我管理。

自我意识是一种能识别个人情绪的能力，能辨别出自身的真实感受，以及为什么会有这样的感受。丹尼尔·戈尔曼认为："具有自我意识的领导者是坦率且真诚的，能开诚布公地谈论他们的感受，并坚信他们的价值观。"这样的领导者清楚地了解自己的优势与劣势，对于需要改进的领域秉持吸纳精神并去寻求帮助，愿意接受建设性的意见和实质性的帮助。这样做反而使他们变得愈发强大和自信，能够充分发挥出自己的优势。

领导者获得正确自我认知的方法有三种。

（1）接受专业心理测试及辅导。这是最为专业的途径，但现实中实践者最少，因为这种方法相当耗时费力，对于每日忙碌的领导者有些不现实。

（2）内部经验累积。这需要领导者有极强的反思意识，所谓"每日三省吾身"，及时发现自己在领导力上的不足，然后寻找正确的方法予以纠正。

（3）外部专家指引。这种机会是非常难得的，旁观者清，尤其是一些在领导力方面功力深厚的领导者更是；能得到专业的指点与督导，必将受益匪浅。

自我管理对于领导者非常重要，那些在自我管理领域得到高分的领导者会展现出极好的自制力和强大的影响力。

自我管理的核心在于情绪上的自我调控和意识上的开放。每个人都会遇到各种各样的不如意或经历负面情绪来袭，优秀的领导者愿意及时作出调整，意识上足够开放，接受而不抗拒，对当下发生的一切有高度的认知，能够在整体格局中看到事件的意义，并适时选择放下、不执着。

第六章 柔性领导力之风度与格调

从错综复杂中发现简洁之路

不可否认，领导活动是复杂的，是点、线、面的综合。复杂意味着耗费精力，不易掌控，难以消化，容易出错等，现实中层出不穷的发明、创造或技术的出现让复杂的事情被简单化了。那么，领导工作能否被简单化呢？答案是肯定的，但要如何做才能实现真正的简化呢？一些只针对领导工作本身的简化显然不符合要求，毕竟领导工作不是固定性的，不能以一些行为的简化来判定领导工作得到了简化；可能一种领导情境的行为被简化了，但换了另一种领导情境时，这种简化就不起作用了。因此，想要将领导工作进行简化必须从根本上解决处理，我们要将目标对准组织结构，结构简化后，依赖于结构存在的工作形式也将得到简化。这才是真正实现领导工作的简单化。

组织结构是企业部门设置和流程运转的重要依据，优秀企业都致力于构建最优质的组织架构，让企业稳健、高效、有力地迈出每一步。麻省理工学院教授迈克尔·哈默将构建组织结构所必需的因素概括为三项。

第一，将制度从文字层面上升到文化层面。优质且运行高效的组织架构的构建离不开制度的保障，但将文字条规升级成文化原则，则需要对制度进行持续性建设，从发号施令的"人治"逐步上升到规章监督、为实现主动执行、为实现战略目标而奋斗的"法治"，最终上升到文化治理的

"文治",以确保组织的长期稳固发展。

第二,定出合理的管理层次与管理宽度。需要根据关键业务流程,兼顾管理人员的能力、精力和下属的素质、技能,确定管理层次和管理宽度。管理层次是管理职位的级别数量,是纵向的;管理宽度是能直接管理或控制的部门或下属的数量,是横向的(见图6–1)。

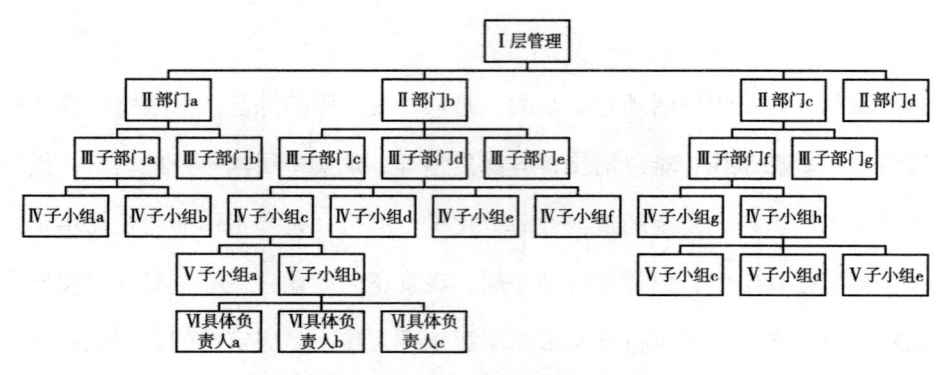

图6–1 管理层次与管理宽度

图6–1中,"Ⅰ层"与下方的"Ⅱ层""Ⅲ层""Ⅳ层""Ⅴ层""Ⅵ层"形成管理层次;"Ⅰ层"与直接管理的"Ⅱ系列"形成管理宽度;"Ⅱ部门a"与其下的"Ⅲ子部门a""Ⅲ子部门b"形成管理宽度。其余同理。为更具体地表现管理层次与管理宽度,本图采用了相对复杂的组织结构,但对于在提倡管理简化的现代企业内部,并不建议架构过于复杂的组织结构,需要更多地简化中间层级,比如由现在的六级简化为三级,甚至是两级。

第三,按照业务流程的重要程度划分。优秀的流程将使成功的企业与其他竞争者区分开来,必须依据关键业务流程划分企业各管理部门的职能,前提是找出划分的核心要素。以某工业制造企业的流程划分,设计各管理部门(见图6–2)。

图 6-2 所呈现的都是经营类部门，还要架构职能管理类部门，如后勤部门、财务部门、人事部门等，这些部门存在的目的不是创造价值，而是有力地支持各经营部门的运转。

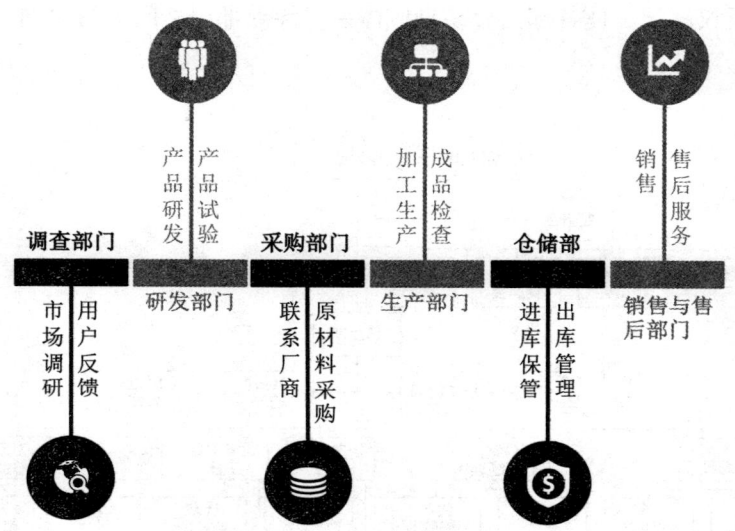

图6-2　某工业制造企业以关键业务流程划分各管理部门

了解了组织结构构建的三要素后，再了解各类型组织结构。现实中常见组织结构多为直线型，也就是传统的层级型，以职能或事业部门进行划分。网络时代新兴的组织结构是矩阵型和网络型，契合现代经营形式，互联网类企业较多采用。

1. 职能型组织结构

它是直线型组织结构的一种。有别于纯直线型组织结构中各级部门自上而下垂直排布，职能型组织结构中加入了有具体分工的职能部门（见图 6-3）。比如，在董事长下面设立职能机构，协助董事长进行职能管理。各职能机构分担主管理者的职责和权力，有权在自己业务范围内向下管理。下级除了接受直接上级管理者的领导外，还需接受上级各职能机构的领导。

职能型组织结构一方面继续保有集中管理权和垂直管理权，另一方面因为职能分工实现了专业化管理。但如果不进行相应的规则约束，往往会因为授权超限，使各部门容易自成体系，导致部门之间无法协调，增加合作难度。

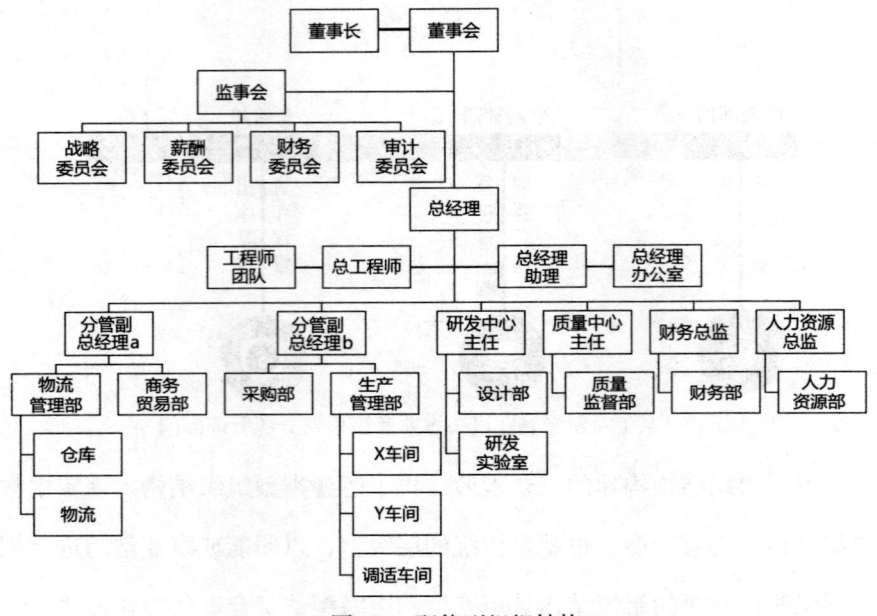

图6-3 职能型组织结构

图6-3中，董事会和监事会是董事长的两个职能部门，其中董事会是最高权力机构，监事会下辖四个职能部门；总经理作为具体执行时的管理者，上对董事会和监事会负责，下对各部门负责；总经理也有总经理办公室和工程师团队两个职能部门，其直辖各部门的分管管理者。

2.事业部门型组织结构

企业发展到一定规模后，拥有过多的管理层级会影响决策和执行的效率。很多大企业采用事业部门型组织结构，即在总公司领导下，按产品类型或销售区域设立 N 个可以独立核算、自主经营的事业部门,这些部门通常以分公司的形式出现(见图 6-4)。

事业部门型组织结构的优势明显,因为事业部是独立出来的,有自主经营权,可以更好地适应市场需要。各事业部管理者拥有一定的决策权,有利于组织建设和人才培养。但每个事业部下设的常备职能部门多有重叠(比如都有人力资源部门、财务部门、培训部门等),会造成资源浪费。

图6-4 事业部门型组织结构

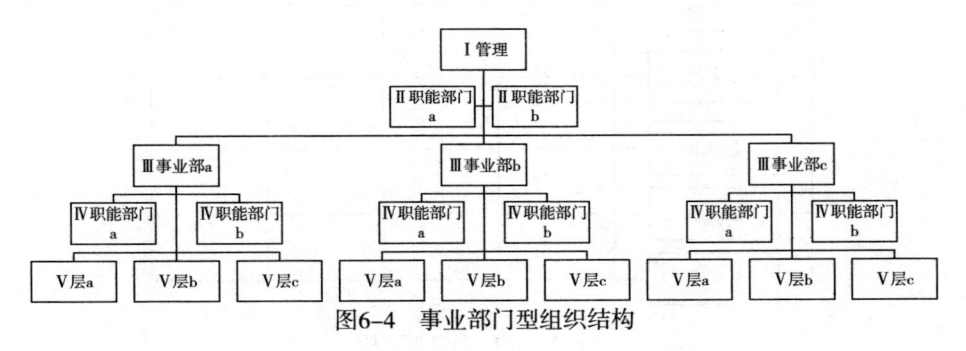

图 6-4 中,"Ⅰ管理"和"Ⅲ事业部 a""Ⅲ事业部 b""Ⅲ事业部 c"都有各自的两个职能部门;"Ⅲ事业部 a""Ⅲ事业部 b""Ⅲ事业部 c"向上都直接对"Ⅰ管理"负责,向下都有各自的下属部门。

3. 矩阵型组织结构

传统的组织结构是单维的,一个员工在且只在一个部门中。矩阵型组织结构颠覆了这个原则,企业组织部门间各类人员都是可以流动的,员工在执行某项任务时是某部门的成员,在执行另一项任务时又是另一部门的成员(见图 6-5)。

矩阵型组织结构既可以是一种长期性的组织结构,也可以是为完成某项临时性任务而组建的项目小组。临时项目小组的管理者有权优先从其他部门调用所需人才，待到任务完成后，小组自动解散，成员回到原部门。若同时存在若干个临时项目小组，有的员工可能在同时间段内跨组工作。

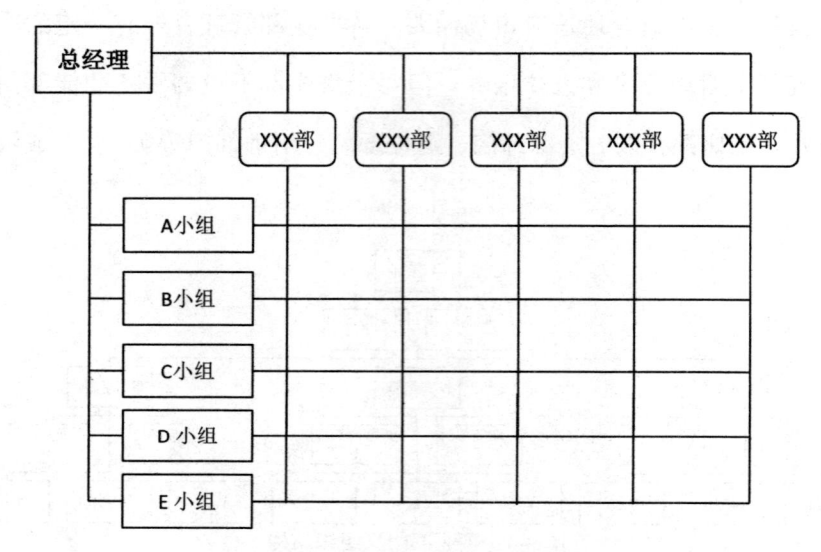

图6-5　矩阵型组织结构

矩阵型组织结构的优势很独特，实现了各部门的纵向结合，加强了各部门间的协作配合，人才也充分流动起来。但正因为成员频繁流动，导致组织结构的稳定性较差，在双重或多重职权关系的状态下，容易引起管理冲突。

4. 网络型组织结构

组织中的大部分职能部门，或被取消，或被合并；对于经营部门则实施对外引入的策略，即企业只保留经营的核心部分，非核心部分都被分派或外包出去（见图6-6）。

网络型组织结构的最大优势在于简单高效，因为只保留了核心团队，简化管理层次，实现充分聚焦，企业能专注做最擅长的事业；还能够大幅降低管理成本，提高管理效益。采用该组织结构的最大缺点是风险性大，若在分派和外包的过程中管理失当，会造成对外强依赖的局面；如果外部环境发生变化，将给企业带来经营危机。因此，在构建网络型组织结构时，不仅要关注企业内部的运作状况，也要关注外界环境。

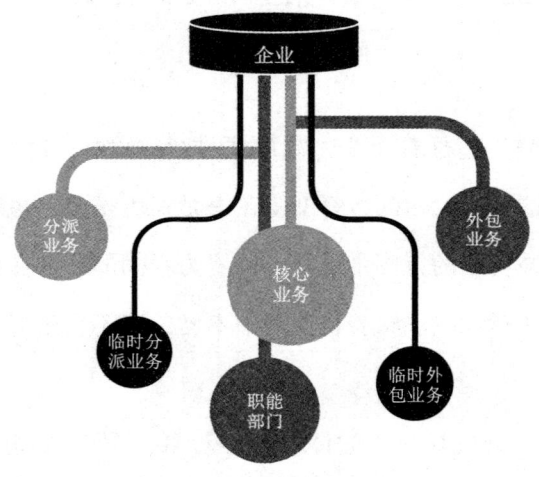

图6-6　网络型组织结构

图 6-6 中，核心业务是指企业必须独立掌握的关乎企业生存发展的技术、能力、设计、规划等；职能部门是指组织内部必须要保留的非经营性部门，如财务、人力资源、培训部门等；外包业务是从主干的核心业务中划分出来的，属于重要业务，但交由外部资源对企业更为有利，采用的是外包中的长期模式；分派业务是从主干的职能部门中划分出来的，属于可以分派给企业内部的某部门或某人代管的，采用的是分派中的长期模式；临时外包业务是指需要短期外包而发起的任务；临时分派是指需要短期分派而发起的任务。

张弛有度的节奏,是对整体性的把握

不管是看表演,还是看比赛,"节奏"是经常被提及的。一位专业素养很高的演员在演戏时,他的舞台节奏不会被对方带走,也不会被音乐节奏带走,更不会被台下的氛围带走。一支实力强劲的球队在比赛时,一定会掌控比赛节奏,对手只能跟着自己的节奏转,而不会给对手夺走节奏的机会。

节奏是什么?是自身状态的体现,是对事物深度认知的体现,是能够绝对管控事件走向的自信。栗原小卷表演的舞台剧《松井须磨子》,这是一部独角戏,表演难度非常高。已经年逾七旬的栗原小卷表演得游刃有余,将观众深深带入,情绪在不知不觉间悄然酝酿。这是艺术家的功力。松井须磨子殉情的部分是本剧的高潮,如果只是随着紧张的氛围将节奏加快,观众的心跳会随之加快,也不失为一种好的表现形式。但栗原小卷的处理是将节奏压住,在剧中加入停顿、思考和与自己较量的表现方式,人物的那种愤懑、悲伤、挣扎和无奈的感觉得以呈现,其形象便在观众面前树立起来了。可以说,加快节奏的表演能得到一时的效果,压住节奏的表演却有很大的后劲,观众会深深记住剧中的人物和她的命运。

节奏是舞台剧表演中最难把握的,因为演员的节奏在摄像机前、舞台上、平日里是不同的，观众通过小屏幕、大银幕或在现场观看时的时间流逝感也是不同的，演员舞台剧节奏的掌控力往往就是演员对舞台的掌控力。

节奏也是一种平衡的艺术，可通过大、小、快、慢等变化来创造出虚实得当的空间感。节奏也是打破惯性，用新的刺激使人们的意识再度扩张的艺术。领导者自身须保持足够的觉知，才能感知到团队能量运行的状态。一名领导者在进行领导活动时也应具有工作节奏，职场就是舞台，领导者是其中的主角，作为主角，如果不能掌握节奏，不仅自己会失控，其他追随者也将失去对工作的把握。领导者根据团队运作现状及团队成员的状态，因地制宜地调整节奏，团队能量将处在鲜活、明快、适宜的状态中。

工作节奏是指富于变化而又有规律的工作设计和工作进程的节奏，包括内容的节奏、形式变化的节奏和工作量与工作进程的节奏等。

正确地把握工作节奏可以使工作像一首优美动人的乐曲一样，富于变化，引人入胜。我们也常有这样的感觉：工作节奏好的时候，一切都很从容，自己能够更高效地支配自己的行动。反之，当工作节奏不好的时候，首先工作情绪会大受影响，其次工作质量会被严重拉低，最终碌碌无为，没有成效。

那么，如何才能长久地把握好工作的节奏呢？必须要对工作有整体性认识，制定清晰的计划，设定优先次序，预留时间以应对突发事件，懂得张弛有度、劳逸结合。

1. 工作需要一件一件去完成

这是对工作整体性认识的最好体现，工作时需要严谨与负责任的态度。很多人奉行多任务并行，认为自己有能力一心二用，甚至一心多用。可现实中少有人能够妥当管理多任务工作，设想美好但在实际工作中会因各种因素的干扰导致结果不太如意，即使是边走路边打电话这样简单的一心二用都容易出错。

要想做好工作，必须明白工作是需要专注完成的，而专注的前提就是一件一件去做，不要总想着"Multitasking"，真正的多任务处理不是一个大脑同时处理多件事情，因为注意力在一个时间只能聚焦在一件事情上，"Multitasking"的本质意思是注意力和认知在不同任务之间迅速切换。

而且"Multitasking"已经被证明不能节省时间，反而会占用更多的时间。即便是在几项没有难度的工作间来回切换注意力和认知，也需要消耗掉很多精力和切换时间。更为关键的是，焦头烂额般同时完成了几件事情的质量却并不高，因为每件事都不是付出足够的关注做的，不可能有好的质量，也就是说费的心力可能更多，取得的效果却并不好。即便那些看上去可以快速无缝切换的人，恰恰也都是做事超级专注的人。追求效率的人会在高效解决完一件事之后，再转向下一件事。因此，不要产生一心多用能省时省力的错觉，事情只有一件一件做，才能有真正好的工作节奏。

很多时候，人们习惯用开始一件新的事来逃避上一件事有难度的事实，用忙碌来当借口，其实这是一种间接的逃避和注意力转移。人只有全心全意做一件事才能做好。

2. 提前进行合理化准备

"凡事预则立，不预则废。"就像画画临摹，可能因为没有找到要画的图片而花费好长时间寻找，等找到合适的图片后，想画画的念头就不见了。其实，你完全可以在平时进行搜集，遇到好的图片就存起来，等要画画的时候随时提取出来，就不会发生这种情况了。

工作也是这样，工作之余的碎片时间是很多的，可以利用起来为下一步工作提前做好准备。准备好意识——严谨的思考和规划；准备好行动——高标准的要求和精准的实施步骤。准备是对品质的要求和保证，积极的准备使过程顺利，使结果不留遗憾。准备充分了会多几分从容和淡定。准备，也显示着一种积极的人生态度，有所把握，有所获得，可以对结果负责任。

3. 轻重得当，张弛有度

制定出明确、清晰的计划，始于有清晰的目标。安排一个松紧合适不至于压力太大的工作目标，把握好度和节奏是关键。犹如每天的点滴成果的一块块碎片积累成一幅大拼图，看上去不起眼，但日积月累就汇集成了一幅完整的图画。

要对一个阶段的工作进程有总体安排，并对各项工作的轻重缓急和进程快慢做有余地的预估。不要把整片的时间切碎，而是使所有的碎片指向一个目标。紧急又重要的工作必须先做，这是不容置疑的，且要投入最多的精力；不紧急但重要的工作要合理进行时间规划，不能强求快速做完，但也不能做起来拖沓；紧急但不重要的工作尽量利用碎片时间完成或者以最快的方式解决掉；不紧急也不重要的工作或者称不上工作的事就暂时放一放，不要让这种没多大意义的工作和事情挤占了时间，或许它们会随着其他事情的解决而自动解决了。

即便是面对紧急的工作，也不表示该工作的每一个环节都要投入最大的精力，一定有环节可以轻带而过，因此必须学会抓住工作的重点内容，将好钢用在刀刃上。达到在工作中忙而不乱，松而不垮，紧而不绷的状态。

4. 最好的时间段搭配最核心的工作

人是有生理节律的，但每个人的生理节律都不是固定的。大部分人是上午精力最充沛，午后昏昏欲睡。但也有一些人早上总是不太清醒，要到午后才开启精神模式。无论是谁，无论你的生理节律是怎样的，建议将思维活跃的黄金时间留给不紧急但重要的工作，比如构思设计、分析思考等富有创造性的工作。

有人或许要问，为什么不将这么宝贵的黄金时间留给紧急又重要的事情呢？原因在于，紧急又重要的工作通常都是不确定的，不知道什么时间会到来，来了就需要紧急处理。

对于不太能全神贯注或者很容易被打扰的时间段，建议做一些熟练的、机械性的事务性工作。

还要腾挪出一段没有外物外事干扰的时间，专心于自己的未尽事宜，生活中一旦有琐碎牵挂，就会像一个永远无法关机的电脑，占用着内存，消耗着能量。要获得全然的注意力，专注于每一个当下。

5. 设定最后期限

"Deadline（最后期限）是第一生产力"，不管对于工作还是学习，这是绝对的至理名言。如果你是一个拖延症患者，那么一定知道这样两件事：第一件，只要还有时间，你就会把手上的活儿往后拖，直到最后；第二件，如果你把事情拖到最后一分钟，那你就会在最后一分钟完成那件事。

如果不想在最后期限临近之时把自己弄得焦头烂额、压力极大，就要设定一个短一点、再短一点的"Deadline"。工作的期限是一个月，那你给自己完成任务的时间期限最好要短于一个月。越短越好，毕竟有多少时间，喜欢拖延的人往往就会拖多长时间。

而且"Deadline"设定后就不可更改，即便是再难受、再不情愿也要在最终截止日期前完成。你在工作中会经历无数次"Deadline"的设置，那么你不要幻想某一次侥幸可以打破自己的时间限，认为只是一次，无关大局；但是有了第一次就会有无数次，自我纵容的口子绝对不能开。唯有期限和有限会令人打起精神，全心全意，凝神聚气。

6. 休息好才能做得好

很多人认为，努力就是放弃一切休息时间，不停地逼迫自己用功，但这样的努力往往收效不高，因为人是需要休息的，休息不够会影响你的大脑。在《初入职场的我们》节目中，董明珠对熬夜工作这种现象做了短评，她认为现代社会中想要绝对不熬夜工作是不可能的，她自己也熬夜，但熬夜之后第二天要将睡眠补足。也就是熬夜不是不行，但要给大脑恢复的机会。

因此，不管工作多忙碌，也要合理安排休息时间。有研究表明，工作效率最高的 10% 的人群平均在全神贯注工作 52 分钟后，有约为 17 分钟的休息时间。这一数据与我们大脑注意力的自然节律基本吻合。休息是为了更高效的工作，当你出现思维停滞、意识涣散、身体僵硬等感受时，不妨喝杯茶、静坐冥想，或者在窗户前远眺一会儿。切换项目也是一种休息，有的人在一种节奏里待久了，换一种节奏能够感到新鲜和振奋，也是一种休息。

但休息也是需要练习的，如果休息后仍没有充沛的精力，不能凝神聚焦，那这次休息就是无效的。很多人表面看似在休息，内在却不停歇，充满了嘈杂与忙碌。手忙心闲是一种需要修炼的状态。

建设积极的心理品质

人类最终极的自由是"无论何时、何地、何种状况，你作为一个人，永远都有选择的权利。"管理学大师斯蒂芬·柯维发现"从刺激到行动之间，存在一个很大的空间叫选择"。一个积极主动的人绝不会放弃自主选择的权利。

自主选择的权利涉及工作生活的方方面面，只要是对立性存在的，就可以进行选择。而世界上所有的事都是对立存在的，即便你看不见事物的另一面，但这另一面也依然存在。

西奥多·罗斯福在未成为美国副总统之前，一天家里被盗，损失相当大。很多朋友写信劝他不要难过，他则回复："这件事我觉得庆幸，他们只是偷了东西没有伤人；他们只偷了一部分东西，而没有偷走所有的东西；最关键的是偷东西的那个人是他而不是我。"

罗斯福看到了事情的反面，也进行了反向思维的分析，被盗的事情就伤害不到他了。如果罗斯福的心态不够积极，被盗这件事就将对他造成伤害，甚至会长期影响他。

领导者需要建构积极的心理品质，去迎接随时可能到来的各种不确定事件。但一些领导者心态却是积极的反面——消极的。这类领导者的内心缺乏热情，也不具有足够的自制力和坚韧性。很多人认为消极心理是一时的，其实，若任由消极情绪占据上风，就极有可能形成弥散式心境或固定性心理状态。作为企业的领导者，必须要时刻预防消极心理对自己造成侵害。当发现自己失去信心与力量，沮丧、烦恼的时间在增多，难以调节和支配自己的行动，失去了前行的动力和激情，不能保持稳定的情绪，对外界的刺激反应不适度等，就是被消极心理侵蚀了。

领导者需要透过不断地提升自我价值，不断拓展自己的本质，勇于冒险，突破自己的限制性信念与经验来操练自己的信心。

人的行为方式是由人生观、价值观和对生活和工作的态度决定的。正确的人生观和价值观有利于人们形成乐观积极的生活和工作态度，而乐观积极的生活和工作态度又会促进人生观和价值观的进一步升华。反之，消极的人生观和价值观只能让人们形成消极、狭隘的生活和工作态度，而消极、狭隘的生活和工作态度又会导致人生观和价值观的持续下滑，进入周而复始的恶性循环。

因此，当面临困扰、挫折、失败、不幸时，任何人都应该以正确的人生观、价值观去应对，以乐观积极的状态去解决，不能给问题以可乘之机。作为领导者，更应该明白，积极乐观的人生态度是自我实现的关键。必须发自内心地接纳自己和所处的环境，自然地表达自己的思想和感情，直面所有令自己感到失去力量、不够自信的问题。不以自我为中心，而是以面临的问题为中心，积极寻找可以进行转化或改变的实际行动方法，放下内在不真的欲望以及执着。坚持通达的处事态度和民主的风格，尊重他人的成就、所得和人格特质。敢于自我剖析，接受每一个自我。

领导者需要建立积极的自我价值评定，传递出一份信心和积极的影响力。信心来自活出真正的核心价值，并非来自外在的评价与肯定。领导者需要放下内在所有不真的自我贬抑、攻击、否定，放下自我怀疑的旧有的习惯与信念，相信自己的无限潜能，相信有意愿就有方法。并且相信，所有外在的干扰与限制是扩张生命的格局，是激发勇于突破挑战的动力。透过不断自我激励，不断自我提升，最终使得领导行为进入科学、有序、高效的状态。

自信让你活成想要的模样

一个领导者是要成为精神领袖，还是成为事无巨细的"管家"？相信没有人愿意成为"管家"，但现实中却是大多数领导者都成了"管家"。为什么会这样？"管家"是怎样练成的呢？因为没有足够的信心与信念，所以要事事参与，在那些琐碎事务中寻找一点自信心。一位充满信心与信念的领导者，应是一个能引动人心的领袖。一个拥有领袖力的人，他必定是拥有强大的愿力，愿意去做些什么，愿意去实现什么。当愿力笃定，就会成为"我愿意"。"我愿意站上领袖的位置"，就会生发出为自己、为团队、为企业、为社会无穷的创造力。

世界上有很多著名的企业家在起步阶段，甚至在尚未起步阶段就是满怀自信的，他们坚定地抱有自己一定会成功的信念，并为之全力以赴。

孙正义还在美国加利福尼亚州的伯克利大学读书时，就告诉身边的人，他要在20岁之前完成第一笔财富积累。当时他只有16岁，一个毛孩子的话有多少人会当真，但当18岁的孙正义靠在校园内贩卖从日本引进的一款电子游戏获利达 100 万美元时，人们不得不相信了。孙正义又在第二年利用名震一时的美国喷射推进实验室的资源，将袖珍发声翻译器的专利卖给夏普公司，赚到了第二个 100 万美元。

孙正义一直相信，自己能够成为自己想成为的人。在 21 岁毕业回到日本后，他没有急于创业，而是将自己的人生规划进行了一番沙盘推演。他先模拟自己想成立的事业的过程，分别编制出十年的预估损益平衡表、资产负债表、资金周转表，还依时序的不同编出不同形态的企业组织图。如果你当时现场看到孙正义做这些预测推演，一定会笑他疯了，如此做梦就不怕梦醒吗？不过，在孙正义看来，他有信心掌控自己未来的事业。

孙正义凭借超强的自信获得了成功，他的手笔一度成为世界经济领域的风向标。

信心是根基，自信心支撑是领导者突破自己、不断取得成功的基石。儒家有一句很重要的话，叫"苟日新，日日新"。通过每一天的自我革新，刷新自己的版本，让自己内在的意识、内在的空间，都变得更强大。

每个人都带有独特的使命与天赋来到这个世界，确认自己生命的愿景是发展自己的天赋、才华的基础。当生命没有聚焦，就会处于混乱、不确定的状态之中。领导者内在要有一个笃定的意图，成为团队的真正领袖，带领团队的所有人同心同德地共创共荣，并活出独善其身、兼善天下的领袖格局。

专注于当下,战胜内心的"猴子"

"回想人生中几次表现最好的经验,这些事都是在极度专注的状态下完成的。全神贯注地投入在必须被执行的任务上,脑中没有任务以外的其他事的一丝念头——此时的心境出奇的平静。"你是否也曾有过这种经历?

专注是能够将你的身体与心智的能量不间断地运用在同一个行为上而不会厌倦的能力。专注本身并没有什么神奇,只是控制注意力而已。可是我们只要集中注意力,就要调整自己的大脑,使它不再受空间内其他思想波的干扰,但整个世界就像一个随时可以翻开的玩具箱,供你随意取玩。面对这个巨大无比、充满诱惑的玩具箱,我们的内心仿佛住着一只猴子,被它拉扯着陷入"玩具总动员"的状态中不能自拔。

其实,我们都知道专注的重要性,但难以专注是很多人的烦恼。习惯被大量的信息和所谓的资源占满,时间被切分成碎片,显得紧张、忙碌,但回顾一切,似乎都是在一种仓促的"来不及"的状态中草草了事,却没干出什么像样的事情。"忙到死"与"拖延症"状态是我们很多职场人熟悉的两种状态,它们都是注意力缺失、无法专注的副产品。说说普遍存在的"拖延症",由于长期拖延积累下一堆自己不能完成的计划和无法实现的目标之后,就会让自己一面对工作就产生焦虑和懈怠的心理。导致一系列负面心理产生的本质不是工作，而是心里的那只猴子，我们总是被它拖着，不愿意把自己放在一个清醒的位置。人们多数时候内在的意识活动是处于时空分裂的状态，不是在回想过去的事件，就是在幻想未来的梦想，意识很难真正处于当下。

与猴子对抗的是意志力。相信很多人有过为了实现某个目标决定好好努力奋斗的时刻，甚至还列出了一系列计划和方案，可是能凭自己的主观意志坚持到底的却很少。生活、命运，还有不争气的自己，不知道该怪哪个。那份挫败感会让我们不断地自我否定。有人认为与猴子对抗的那个人是真实的自己，只不过是没打赢毅力之战；有人认为向猴子妥协的那个人是真实的自己，自己就是这么没用！但你是否想过，如果根本就不存在真实的自我呢？每次看似轻率的行为决策其实都是大脑争吵之后产生的结果。

在争吵中，你会听到体内有两个声音在进行激烈的交战：一个是大脑皮层，它负责理性思考，要求我们建立正确的人生观和价值观，并努力实现自我；另一个是蜥蜴脑，负责保有最原始的求生本能，包括愤怒、胆怯、懒惰、享乐、繁衍等，它引导我们做出的都是不符合人类发展逻辑的决策。

你的那只猴子就住在蜥蜴脑里，时刻会出来干扰你的心智。尤其是当我们把自己放入一个对自己不利或者对自己而言是巨大考验的环境中时，那只猴子就更开心了，发出的声音也更大，它会对你叫嚣："算了吧！你不可能做到的！你根本就不是优秀的人！"于是，我们心存不甘，但又无力反抗。这时，逃避成了最好的选择。但猴子追求的都是一时的满足，当"它"的需求得到满足不再叫嚷之后，大脑皮层虚弱的声音才会显现出来：

"那些目标和计划还算数吗？"

你再一次愤怒了，下决心要好好教训一番猴子。可猴子的力量太强大了，你的每一个毛孔在面对它时都透着胆怯。而且经过你多年的"养育"，小猴子已经长成齐天大圣了，每天在你的大脑里"大闹天宫"。对付它让你筋疲力尽，但它却是常胜不败的。

怎么办？任由猴子猖狂下去吗？当然不行，就算穷尽方法也要战胜它。作为一名普通员工，这是对自己负责；若是作为一名领导者，这则是对所带领的团队负责。不要认为这只猴子只侵蚀非领导者的心智，任何人都有机会被它攻陷。去问问那些能力很强，却被拖延症困扰的领导者吧！不仅他/她一个人苦不堪言，整个团队都会因为不能进行有效的时间管理而变得混乱无序。因此，无论你是做什么工作的，无论你处于什么职位，只要你的蜥蜴脑中生活着这样一只猴子，都应该想办法把它关进笼子里。虽然这个过程会让你感到很麻烦、很痛苦，但当你终于摆脱它的干扰、能够好好生活和工作后，你会感谢自己的选择。

说了这么多，要怎么才能战胜这只猴子、提高专注力呢？五个专注秘诀，供大家参考。

1. 使用番茄钟工作法

人类专注力15分钟达到一次高潮，6次是达到极限的平均数，所以连续专心的时间最多不能超过90分钟，大学一节课的时间就是90分钟。番茄钟工作法与此契合，"25分钟工作＋5分钟小休息"为一个单位，重复4组（30分钟×4）后，累积一个较长的大休息时间，以15～20分钟为宜。

保证番茄钟工作法顺利实施，必须遵守两点：第一点，除了计划内任务，不做其他任何事；第二点，时间一到，就算任务还没完成也必须停止工作。有人会问："状态正好的时候不继续工作，不是太可惜了？"的确，状态好的时候可能一个小时就能做完平时需要三个小时才能完成的工作，但这仅仅是一个小时的时间单位，如果是连续工作两个小时、三个小时，甚至更长时间，你还会一直保持高效率吗？当专注力不可避免地下降后，单位时间效率必然下降，可能两小时也完不成半小时就该完结的任务。因此，想要保持专注，其重点不在于连续工作多长时间，而在于严守时间的紧张感。

2. 划分专注区间

番茄钟工作法广受社会成功人士的青睐，他们都会根据自身情况设定专属的番茄钟，无论专注时长是否是 25 分钟，但"开始"与"结束"的专注区间的最后就是专注的高潮时间，随后大脑就会发出休息信号。

因此，想要在专注区间内完成更多的事，在专注力落到谷底之前适当加入休息是非常必要的。这并不是在浪费时间，如同运动后需要休息一样，休息是完整的专注流程的组成部分。但要注意，休息时间不能过长，以 5～10 分钟为宜，否则会导致注意力分散，想要再次聚集注意力将变得更困难。

3. 找到适合休息的时机

不是所有人都会选择使用番茄钟工作法，有些人会在大脑发出信号或者意识到自己应该休息时才会放下工作休息片刻。那么，工作间歇应该选择怎样的时机休息呢？是在一项任务基本完成后？还是一项任务正处在最紧要关头的时候？恐怕大多数人都会选择前者，因为谁都不希望在关键的时候被打断，怕因此打断专注力。但柴格尼克效应告诉我们一种相反的认知：回忆被中断的未完成工作要比回忆已完成的工作更容易。也就是说，已完成的工作已经得到了满足，未完成的工作则让我们"牵肠挂肚"，更容易重新进入。所以，我们建议将休息的时机放在"最不方便离开的时刻"，即再多坚持一会儿就会有重大突破的时候。

断在不宜断的地方，听起来有些不可思议，却在现实的检验后证明是正确的。电视剧通常会在高潮后开始播放下集预告，评书在讲到关键的时候说"且听下回分解"，漫画总在最精彩的地方留待下回再续……那么，工作为什么不能在好方法浮现之初就中场休息，在刚找到解决问题的思路时就暂停讨论？想想看，这种戛然而止对人是极具诱惑性的，身体虽然休息了，但思绪却依然会不断飘向"那个问题应该……"。人处于待命状态，是很容易重新进入的。如果一直做到适合结尾的地方才休息，就像电脑关机重启一样需要一些时间；而如果电脑只是休眠，只需晃动一下鼠标就可以继续工作了。

如果你担心这样做不能让大脑得到彻底的休息，那么你的担心是对的。但你是否想过，即便做到适合结尾的地方再休息，大脑就真的能什么都不想了吗？只要大脑在想事情（不管什么事情），都不是彻底的休息。工作间歇的休息是让大脑在不高度集中思考的情况下得到放松，至于放松时脑子里想什么就无所谓了。

4. 把杂念记在纸上

我们一直在讨论工作和休息的时间划分和如何适时休息的问题，但如果在工作中途，大脑突然闪出不相关的念头，应该怎样做呢？总不能为了这个念头就中断工作，可也不能任由这个念头在头脑中来回打转。只要不及时清理掉这个念头，就一定会影响专注力。

我们提供一个将杂念赶出大脑的方法，就是把它们写在纸上。记上以后不用怕忘记，也不用惦记，不必非要当时操作，可以疏解焦虑情绪，使自己重新专注于工作上。

为了不让私心杂念干扰工作，请准备一个专用的小本吧！

5. 改变环境

很多时候我们都深有感触：注意力无法集中的原因就是"对环境感到厌烦"。一些自由职业者会把工作场所从自家搬到咖啡厅、图书馆、户外等。但作为领导者，不可能到一个脱离下属的地方工作，要在有限的空间内打造无限可能，就像一些人把家里的书房、客厅、餐厅、阳台都当作不定时的工作场所一样，领导者可以将自己从位置固定的办公室中解放出来，和下属一同工作，或者为环境做一些整理。环境改变，外部刺激随之改变，能更容易聚焦、提升专注力。

人一生的精力、时间、热情、能量都是有限的，如何让仅有的这点时间的生命变得更有质量，专注是唯一的出路。凡有所成之人的共同点就是专注。当我们将注意力集中在当下时，自然就聚合出一股强大的创造力。

复盘是成就明天的筑基石

联想公司就很推崇"复盘模式"：执行一项任务，不论结果如何都重新演练一遍。大到战略方向问题，小到具体问题，最初的目标是什么，当时怎么做的，边界条件是什么，边界条件是否有变化……重演一遍不仅是为了总结，更是自我学习和提高的有效方式。

那么，究竟什么是复盘呢？

有一句网络名言："你所谓的十年工作经验，只是一种经验用了十年。"被很多人迷信的"经验"，很多时候只是"年龄资历"而已，并不代表其真正具备的"能力或实力"。

复盘是"总结及不断改善的能力"。通俗地说就是，一件工作完成以后，无论成功还是失败，都要认真回顾，翔实具体地总结出成功的经验和失败的原因。复盘不能只是停留在表面，要进一步挖掘更深层次的逻辑规律，甚至需要反复多次的梳理，思考和总结出有价值的信息，构建价值系统。这项能力于我们每个人而言，是思维成长的基础，拥有这种能力是成人获得经验的原因。

作为领导者，更需要复盘能力，因为领导者所面对的工作的形式更为复杂。普通员工的挫折和失败更多的是由于自身工作能力欠缺，而领导者的挫折和失败可能是由于工作能力欠缺、决策错误、关系崩溃、外部环节问题……因此，领导者想要在领导活动中更加高效，则必须经常对自己的领导方式和领导行为进行复盘，尤其是已经出现了明显的领导力问题的领导者，更应该及时复盘，找出导致问题出现的原因和解决的方法。

复盘的核心价值是"巩固与完善"。这是一个检视的过程，能发现所有的问题和想法。需要回顾整个行动过程中的步骤是否有优化的空间，方法和策略是否有调整的可能性，计划与目标的偏离度等。核心目的则是基于过去的经验，发现着眼于未来的根本。

我们将复盘的价值和意义总结为三点（见图6-7）。

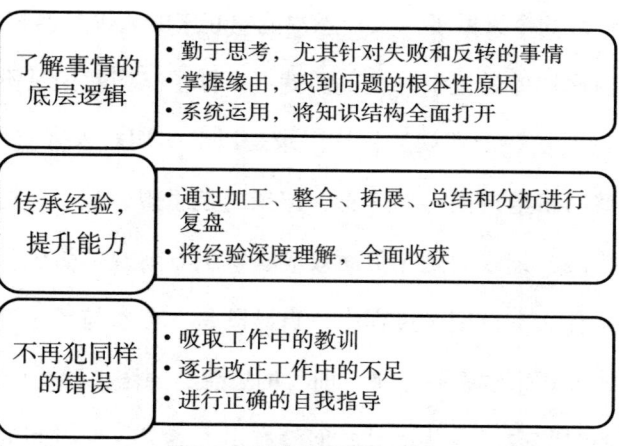

了解事情的底层逻辑	• 勤于思考，尤其针对失败和反转的事情 • 掌握缘由，找到问题的根本性原因 • 系统运用，将知识结构全面打开
传承经验，提升能力	• 通过加工、整合、拓展、总结和分析进行复盘 • 将经验深度理解，全面收获
不再犯同样的错误	• 吸取工作中的教训 • 逐步改正工作中的不足 • 进行正确的自我指导

图6-7 复盘的价值和意义

有人说，工作中难免沟壑纵横，你掉进去了叫挫折，爬出来了叫成长，越过去了叫有能力。这个说法很贴切。但能力一定要经过成长阶段的考验，成长的磨砺是否起效取决于你是否能把过去的每一次经历、每一次行动、每一个感受都吸收为自己成长的养分。成长和能力的锻炼方法有很多，可以利用外部资源，向榜样学习，向网络信息、课程或系统学习等。内部学习资源有自己的顿悟、创新等。懂得复盘的人用一种更加直接、更有效率的方式完成能力的锻炼和成长的积累。过去的已过去，关键是"我能够从中获得什么来帮助我更好地面对未来"。

领导者应该如何复盘呢？我们推荐使用三步法——记录、深思、回顾，形成有效记录＋深度反思＋全面回顾，然后就可以大踏步地向前方迈进了。

1. 记录

关于记录有一个说法——"没有记录就没有发生"。问问自己，去年的今天你在做什么？那一天你有什么收获？我相信，不做记录或者没有发生足以影响人生的大事，任何人都无法回答出来。其实，别说是去年的，就是询问上个月的今天做了什么，恐怕能想起来的人也是寥寥。

但是，当你选择做记录时，一切就不一样了。当然记录不是简单地写工作日志，也不是一个常规流程。记录是以"一切对未来有用"为导向，例如，有哪些有价值的内容、信息？记录的是思想、观念、想法等。遇到哪些问题和挑战？记录的是正负面效应、解决方案及预防机制等。其中的结构式方案是什么？在记录过程中，自己既是一名参与者，又是一名观察者，用后者的方式来观察并记录下前者的思想、想法、感受以及启发。

在较短的时间内，这些记录看似没有多大意义，但时间的力量是强大的，一年、两年、若干年以后，你将会比没有做记录的人得到更多的成长，而且你的成长是有迹可循的。当记录的时间跨度足够长后，还可以总结出一些深层次的规律，有助于我们提升认知能力。

2. 深思

深思，首先分析事情背后的原因，其次分析原因背后那些千丝万缕的关系。如果说记录是以人物、时间、地点、事件为主线的记叙文，那么深思就是讲究论题、论点、论证的议论文，不仅要对当时发生的事件进行深入细致的描述，还要结合外部环境进行思考，认真剖析事件的全部真相。比如对错误事件的起因进行全面深思，可以通过思考下述方面进行：导致工作出现错误的因素有哪些？哪些因素是外显的，哪些因素是内化的？当时执行时自己是怎样思考的？那些思考都是合理的吗？思考的过程是否有遗漏？

进行思考是需要调动知识"内存"的，当我们调用大量的"内存"去深思的时候，实际上就是"跳出来看自己"的过程。经历深思的过程才是真正的复盘，能帮助我们发现曾经未能发现的因素，将发现过程的运作逻辑及本质，是结构化的总结，也是对心思、意念的反省。苏格拉底说："未经审视的人生是不值得过的。"深思不是追究哪个人的功过得失，没有评断、批判，只是客观地借事实获得经验总结，增长和提升自己的见识和能力，从而提高个人的有效行动能力。深思是看见过去的存在，发现其意义，要检查是否每一个当下的积累都是处于一种有序的成长状态。

3. 回顾

在完成如实记录和认真深思这两步之后，就需要定期回顾了。回顾的意义在于让复盘效果增值，也就是让记录和深思的价值增值。

朋友在他工作中会有意识地注意一些关键点，然后在工作之余及时记录，此后每隔一段时间会翻出来看，常常会有新的体会和收获。这是绝对值得推荐的好的工作习惯。在复盘过程中，对于自己经历过的事件定期回顾，就相当于不断进行"沙盘模拟"，慢慢就会形成一些思考框架和行为习惯，决策时会更加系统、更加全面。

那些工作极其出色的人通常都会每年做一次"年度大总结"，这是对上一年的自己进行一次全面的复盘，这样的成长是以"年"为单位的。除了"大考",他们还会进行"中考"和"小考",就是把复盘的周期缩短为季度和月,形成周期性规律成长。

当经验有了时间的加持,就会形成超越时间的"认知——思考——决策"能力,会形成宝贵的智慧结晶。复盘,让信息流动起来,让它们为我所用。一切我所经历的,都是成就明天的筑基石。通过复盘获得新知,更新自我体系中的那些旧认知,是落实到行动中的"知行合一",是让意识到达更高的维度,成为一个内心清晰的观照者。

第七章
柔性领导力之自我管理

柔性领导力

同理心（Empathy），译为"感情移入""共感""共情"，泛指心理换位、将心比心，亦即设身处地地对他人的情绪和情感的认知性的觉知、把握与理解，主要体现在情绪自控、换位思考、倾听能力以及表达尊重等与情商相关的方面。

美国心理学家爱德华·铁钦纳于1920年左右首次使用同理心的概念，该词自此成为心理学的专有名词。同理心的构成三要素为：

（1）能够考虑他人的需求、要求、痛苦，关心他人的苦难；

（2）以与他人互相依存的心态体谅对方，与其构建牢固的人际关系；

（3）满足他人的需求，为减轻其痛苦和实现幸福而提供支持。

同理心是领导力的核心能力之一，有效的领导始于同理心。具有高同理心的领导者带有足够的静心品质、敏锐觉知，能深度地聆听，具有感同身受、同频共振的能力。领导者懂得换位思考、知人善用、尊重差异，开放并坦诚。

美国北卡罗来纳大学商学院曾在20世纪与21世纪交汇阶段做过一项针对领导力的内在行为和外在表现的研究。研究结果显示，领导力类型可以被分为两类：一类是以任务为主的强势派，凸显领导职能的权力；另一类是以人和为主的知性派，凸显领导者的人际协调能力。这两类也可以判定领导者的领导风格，如果你是领导者，无论你的领导风格是怎样的，都可以被划入这两类中的一类。

这两类领导力孰优孰劣呢？这是很多人关心的问题，但深入研究的结果表明，两类领导力不分伯仲。在超过170位领导者中，有55位是非常成功的，其中29人是强势派或偏强势派，另26人是知性派或偏知性派。当然，需要强调一句，"强势"和"知性"只是对领导者的统一分类的概念，其中每位领导者具有的能力因素都是不同的，成功的领导者的综合能力值很强。其中一项非常突出的能力因素就是同理心，无论是强势派还是知性派的领导者，只要有同理心协助，都具有成为优秀领导者的潜质。

不成功的领导者又有怎样的共性呢？领导力专家雷·威廉姆斯给出了一项令人震惊的统计：30%的世界500强企业CEO在任时间都不超过三年，其中相当一部分人在18个月内就下台了。对于此种情况，他指出，有关这些失败的最常见的特征是缺乏温暖、真诚以及同理心。

当成功的因素和不成功的因素都在同理心这一项上交集时，足以让我们意识到具有同理心对领导者的重要意义。也正因如此，同理心不仅是心理学的重要概念，也成为管理学的重要概念。但同理心涉及的范围内容太过广泛，本书的核心并非讨论同理心，我们只从能够体现同理的一个重要方面——人际关系切入，对同理心与领导力的关系进行深度探讨。

情绪稳定，给他人积极的影响力

稻盛和夫曾说："成功不要无谓的情绪。"成功的人早已"戒掉"了情绪。这听起来像鸡汤，却揭示了一个人的自律和自我管理能力的重要性。人的一生需要拥有多种素质，其中最重要的一项就是情绪稳定。人为什么要戒掉情绪？你是否听过这样的说法："发脾气时，智商为零。"因为人在发脾气时，智商将被情绪所俘虏，就会变成别人眼中愚蠢的人。大部分情绪会影响注意力，甚至负面的情绪会让人的意识涣散，导致缺乏专注，工作效率就会大打折扣。美国心理学家特瑞斯曼教授指出："不专注时，人们只能对事物的个别特征进行初步加工；而在专注的情况下，则能精细加工，并将各特征整合为一个整体。也就是说，只有在专注的情况下，我们才能成功地完成手上的任务。"

然而，这个世界上懂得管理情绪和能够控制住情绪的人占比总是少的，多数人都是情绪的奴隶。

与情绪的奴隶对应的是情绪的领袖。前者被情绪控制，后者将情绪控制；一个越来越被动，一个逐渐掌握主动。作为领导者，显然不能成为情绪的奴隶，不论什么场合，遇到什么情况，面对什么危机，都要有"泰山崩于前而岿然不动"的气魄，即便做不到喜怒不形于色，也要有坦然面对的勇气。

情绪外露会将人性的弱点暴露无遗，我们情绪失控的地方，是我们失去智慧的地方，是失去自信和内在的力量的地方，是失去情感连接的地方，用向对方喊叫的方式来呼求注意力。情绪之所以难以控制，因为控制情绪与人类天性相悖。人类在面对各种糟糕的事情时，一定会产生相应的负面情绪，将坏情绪宣泄出去是正常的心理欲望，医学上认为这样做有利于人体健康。但宣泄要适度，也要有方法，不能肆意妄为，也不能过度发泄。那样不仅对身体健康不利，还会将自己置于更加不利的境地。

《一生的资本》里有这样一段话：任何时候，一个人都不应该做自己情绪的奴隶，不应该使一切行动都受制于自己的情绪，而应该反过来控制情绪。一个善于进行自我情绪管理的领导者，必然能够泰然自若、处事不惊，给他人带去希望、平和与安定。并不是说，这样的人没有情绪，他们只是不被情绪所左右，他们有沉稳的内心，有能够接受一切的勇气与信心，更懂得为自己的情绪负责。

华尔街是国际金融中心，那里的公司都是经过了各种风雨洗礼后才最终走向强大的。其中一家"MQT金融投资公司"创立已逾三十年，其公司文化的核心是"世界每天都在发生大事，我们每天都在遭遇大事，但MQT从来没有过大事"。单看这句话可能不好理解，但看看公司CEO克拉克·伯伦斯的做法，你就会懂了。

1999年，伯伦斯因为投资失误，损失了公司70%的现金。遭遇如此大的滑铁卢，员工都沉浸在裁员失业的不安中，毕竟在竞争激烈的华尔街，谁都不想失去工作。周一清晨，助理忐忑地走进伯伦斯的办公室，询问下一步的工作安排。助理原以为老板会很憔悴，没想到伯伦斯穿戴整齐，一边听着舒缓的音乐，一边审阅资料。仿佛一切不美好的事情从未发生。

伯伦斯看到助理进来，平和地说："按照之前的想法，我们应该展开B轮投资，虽然现在资金方面遇到一些困难，但公司其他运作依然良好，我认为此项投资计划应继续，只是进度稍微放缓即可。"

助理惊讶地说："先生，咱们公司刚损失了几个亿啊！我们还有能力继续投资吗？"

伯伦斯说："如果按照曾经的投资方式进行肯定不行，我们可以改变方式，但不能放弃重要的投资机会。而且我们之前进行过多次讨论，认为B轮投资是非常有价值的，如今公司有了困难，不正是需要做有价值的事情吗？"

助理还是有些犹豫，说："可我还是有些担心。"

伯伦斯耸耸肩说："人生就是这样，坎坷是常有的，不能因为坎坷就放弃机会，那样何谈成功！有了困难，就要想办法解决，而不是屈服于困难。其实，我也对此次的投资失利感到难过，但那些情绪都是昨天之前的事情了，从今天开始我们要做的是继续向前，从失败的手中将胜利抢回来。"

助手听伯伦斯这么说，心里不禁有了底气。MQT在困境中坚持了两年多，"9·11事件"发生后，欧美股市大跌，伯伦斯立即将全部资产抵押，大量买入高价值、低价位的股票。待国内国际形势稳定后，他所买入的股票纷纷翻倍，将之前的亏损全部填补。

伯伦斯不仅是一个控制情绪的高手，更是一位情绪领袖，他的公司也因此修炼出了独有的文化。

美国前总统罗纳德·里根说过:"愤怒是胆怯的表现,失望是自卑的表现,人要想获得成功,就一定要远离愤怒和失望。即便是下一秒就将会倾家荡产,沦落街头,我也不会让负面情绪在我心里生根。"

人生路上,我们遇到的最大敌人,往往不是能力欠缺,不是条件不足,而是难以控制好情绪。控制情绪不仅要控制负面情绪,还要控制正面情绪。

情绪分为正面情绪和负面情绪。正面情绪有高兴、乐观、喜悦、开心、放松、欣赏等,负面情绪有愤怒、悲伤、痛苦、紧张、惊恐、焦虑等。我们都知道负面情绪会对人造成不良影响,负面情绪越严重,消极影响也越大,但这并不代表正面情绪可以无限延续。当你因为过于高兴而口无遮拦时,当你因为过度乐观而盲目自信时,当你因为放松自由而散漫懈怠时,你还能说这样的"正面情绪"是可以继续发展的吗?

情绪除了一个人的基础情绪,还有认知评价性情绪和条件性情绪,情绪如实地反映了一个人的信念系统与生命境界。环境当中的人和事会成为刺激点,一个人不管面对什么情境都应尽量安住于心、无所畏惧,把负面的、有刺激性的情绪实行转化,增加心的容量与智慧。把所有正面的情绪当作生命的供养。无论正面的、负面的,它们的存在拓展着我们生命的宽度,反映着我们连接人与万物的能力。

一位领导者需要有良好的情绪管理能力,保持清醒的觉知,拥有顺势、柔软的智慧。觉知自己的情绪状态,觉察并开始改变,心平气和地接受每个面向的自己。保持沉着冷静的气度,改变的方法是把注意力放在一件有意义的事情上,它能让原本趋于混乱的精神能量变得有秩序。心理学上有个名词叫"正念疗法",用正念来排解负面情绪,即通过有意图的、不带评判的对当下的关注或觉察来达到目的。修得上善若水的智慧，人的德行、修为若能像水一般，可容纳负面的东西，可净化人心。

有效倾听，建立与员工的情感账户

拿破仑说过："能控制好自己情绪的人比能拿下一座城池的将军更伟大。"人与人之间的沟通，七分是情绪，三分是内容。关系沟通与情绪表达的艺术在于正确地表达情绪比情绪化的表达重要 100 倍。沟通并不仅限于言语的对话，沟通是说者与听者生命的信息产生共鸣振动的过程，是沟通者彼此间同理情感与调频意识的过程。遇到很多冲突的地方，往往是双方无法理解彼此的真实需要。有的言语都变成沟通中想用来征服或战胜对方的武器，使得沟通陷入表象的争辩。高品质的沟通是维持和谐人际关系的基本要素；沟通，倾听是关键。

倾听会让你成为"信息富翁"，倾听是收集信息的过程，表达是基于对信息的提炼和对信息的再加工。说者亦听者，听者亦说者，沟通即是在接受中给予反馈，在给予中接受信息。

美国西南航空公司设计了一套与众不同的员工聘用机制。不同于其他公司的单独面试，该公司面试是成组的。一个应试者坐在前面接受提问，其他应试者坐在后面等候，然后陆续到前面接受提问。如果你以为同一时间只有前面的应试者在接受面试就错了，该公司会派出另一部分考官在暗中观察坐在后排等候的应试者，观察这些人在关注什么，是沉浸在自己的事情里，是漫无目的地四下张望，是在相互交谈，还是在关注着前面的应试者……

航空公司作为服务性机构，原则是"日常对话，深度倾听"，这也是员工的核心素养。所以，只有能够认真倾听的应试者才有机会获得公司的职位。

著名人际关系学大师戴尔·卡耐基说过："如果希望自己成为善于言谈的人，首先要先学会做善于倾听的人。"一个善于倾听的人内心丰富，且清晰明澈。

但现实中有很多主观的或是客观的因素让我们无法真正倾听。《非暴力沟通》中有句话：真正的倾听，是放下自己心中已有的想法和判断，一心一意地去体会他人。很多人易陷入沟通的误区，认为沟通即是为了让别人理解自己。聆听并不是想理解对方，而是为了做出回应。这种状态下，要么在说话，要么在准备说话，不断地用自己过去的经验和已有的判断去过滤信息，因此使得沟通陷入比较自我的情境当中。

很多时候，我们人在心不在，身体坐在那里，外表平静但内心充满了嘈杂和噪音，没有足够静心的品质与倾听的注意力。而有的人根本无法安坐，心如死寂般接收不到任何外在的信息，这都将失去与对方平等连接的机会。有这样几种沟通状态：充耳不闻，压根就不听；无心安坐倾听，含糊其词；选择性接收，只听自己想听的部分。

在此，我总结出了一些有效倾听的方法。

（1）创造倾听环境。准备好一个沟通的状态，一个令人安心的环境。处理好手边的事宜，尽可能地保持一个没有干扰的沟通环境。

（2）积极倾听。积极倾听体现出一种良好的态度，能使你更清晰地了解沟通对象的想法。面向沟通对象，选择合适的距离，保持双方目光的接触交流。对对方所谈的话题抱有热情，遇到不明白的地方要记下，在对方阐述完毕后及时沟通。

（3）专注倾听。倾听，是建立心的连接，不仅要听到表面的声音，还要听到更深层隐藏的尚未表达出来的声音。给予注意力即是一份尊重，沟通过程中，一些分心的表现，如东张西望、眼神迷离等，一些不合时宜的动作，如摆弄物件、抓耳挠腮等都会干扰对方的表达。聚精会神才能敏锐观察到对方的非语言信号，会产生基于当下情况的沟通的情感。

（4）适时反馈。适时的反馈可以保持沟通的节奏，倾听并非保持沉默，反馈会让对方感知到你在听，而且理解了，甚至想获得更多信息。过程中，输出一些和沟通主题相关的有用的想法和观点，双方处于同频共振、积极主动的状态，形成双向对话。

（5）非言语信息的交流。沟通中，不应忽略对方的非言语信息，姿势、神态、眼神、语气、音调和语速等，这常常是"真情流露"，更为真实地反映了一个人的思想、感觉和意图。而倾听者一个认真的眼神、一次点头、一个会意的微笑也能带来一种回应的力量。

（6）在对话中塑造对方的自尊感。也许对方的观点不那么客观正确，也许对方的观点显得浅薄，首先不要抢夺话语权，给予对方一个充分表达的空间。这样能促进对方打开心扉探讨问题。采用启发式提问，用对方容易接受的方式给予反馈，促成深层次、富有洞察性的对话。良好的倾听是给对方带来正向体验的过程，没有情绪性评判，没有消极否定，双方在启发与互动中获得了解。倾听是一种接纳与尊重，每一个人的观念和价值都是独特的，听到最深层次、需要被了解的内容，真正的对话就发生了。

作为领导者，需要具备深度倾听的能力，内心保持全然的安静，放下内心世界的所有的分心之因素。一个善于倾听的领导者是具有很强的系统思考能力、逻辑分析能力、沟通协调能力的。领导者能够认真倾听员工的心声，能够真心为他们着想，有利于与员工之间建立起情感账户。领导者的倾听激发员工思想，在碰撞共鸣中彼此赋能，从而达到更高、更广阔的境界。这是倾听最有高度的形式。

反观自省，在反馈中创造同频

领导者创造团队的共鸣是以整体共同的信任与顺服为基础，没有抗拒、怀疑、分离。扪心自问一下，我眼中的员工是什么样的？此刻是否呈现出很多关于他们负面评价的想法，员工的诸多令你不顺眼、不顺心的事情会涌现出来。然而，这些问题存在的地方正是领导者需要检视自身的地方，要反求诸己，自己看是否存在不恰当的领导方式。

因此，领导者须将沟通与反馈联系起来，并从反馈回应中判断沟通的程度、走向。

很多领导者认为自己懂得这个道理，并且常常实施，他们与员工沟通时会要求员工当场表达自己的想法并表态，以达成一致。我们透过案例来看看实际操作时会遇到哪些问题：

领导者问 A 员工："这件事交给你去做，你有什么意见？"

A 员工："呃……没有。"

领导者："好的，去做吧。"

领导者问 B 员工："这项任务交给你去完成，应该没什么问题吧？"

B 员工："上次那件工作的结论还没有下来，到底怎么样了？"

领导者："还得再等等，你先把这件事完成。"

领导者问 C 员工："这件事交给 A 去做了，你还有别的任务，没有意见吧？"

C 员工："没问题，您向来具有慧眼。"

领导者："好，那就这样吧！"

这位领导者跟三位员工交谈都得到了反馈，但对于工作却没有任何实质性的助益。C 员工用了一句恭维的话，领导者欣然接受；B 员工提出了与这件任务无关的问题，领导者忽略了员工隐藏在话语之后未尽事宜的疑问；A 员工的反馈中带有迟疑和停顿，说明他是有顾虑的，但领导者未予理会。

领导者需要通过员工的反馈，了解自己在领导工作中存在的问题，实施有效的工作行为。透过员工的反馈，透过管理现象，看向自己，打开思维，打开心灵，保持与团队心智同频，产生协同效应。真正与员工共同启动、共同感知、共同创造、共同进化。

那么，领导者在与员工沟通反馈时有哪些比较好的方法呢？

1."聚焦答案模式"（ORID）反馈

"聚焦答案模式"（ORID）反馈由美国著名企业顾问路易斯·卡夫曼提出。他发现领导者常常习惯于"不绕圈子"地直接表述，认为这就是直接沟通，有助于突破沟通障碍；但真正的直接沟通只是方式直接，但具体运用时并不直接，而直接表述是方式和具体运用时都直接。领导者在直接表述时，大量使用规范的商业语言，虽然气场强大，但得到的效果并不好。

正确的做法应是，用相对宽松的、探寻式的语言引导员工思考，沟通中尽量聚焦于"尽管有问题，但还是有效的"，不要反复纠结于员工的缺陷与责任，要以合作的方式共同构建解决方案（见图7-1）。

数据层面 + 体验层面 + 理解层面 + 行动层面

图7-1　"聚焦答案模式"反馈

"聚焦答案模式"要求不断提问"还有什么吗？"，但不要问"为什么？"，因为后一个问题很容易演化为推诿责任甚至成为在场者之间的相互攻击。

比如，上述那位领导者问A员工："你这次的工作没有按照规定时间完成，除了你认为的工作难度大，还有什么原因吗？"

对于这样的提问方式，A员工回答也会围绕工作展开。如果问"为什么会这样"，涉及面就宽泛了，A员工会从各方面找原因，不利于谈话抓住重点。

2."埃里克森教练"反馈模式

挪威著名企业管理专家拉莫·埃里克森提出了一种全新的反馈模式，从结果、反馈、如何、机会四个方面展开（见图7-2）。

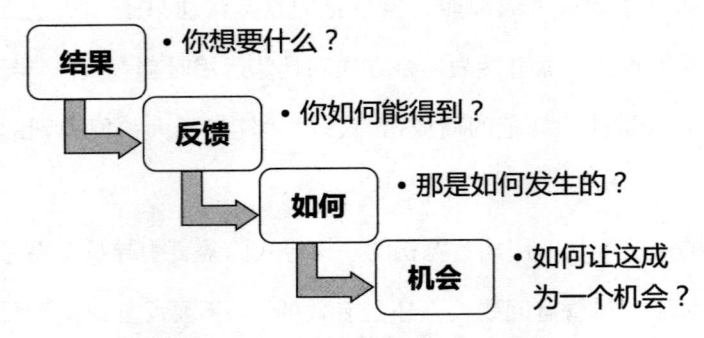

```
结果 → 你想要什么？
  反馈 → 你如何能得到？
    如何 → 那是如何发生的？
      机会 → 如何让这成
              为一个机会？
```

图7-2 "埃里克森教练"反馈

为了更清晰地介绍该方法如何应用，我们将结合案例进行阐述。

背景是员工D提交的报告无法满足领导L的要求。针对此事，部门主管G和员工D之间进行了这样一番对话。

主管G："D，你想得到什么？"（你想要什么？）

员工D："我希望我的报告达到领导（L）的要求。"

主管G："你认为如何能做到呢？"（你如何能做到？）

员工D："我可以借鉴其他同事的范本，还可以和领导L沟通，了解他的具体要求。在执行过程中发现问题时及时请教有经验的同事或者和领导（X）及时沟通。即便平时没有问题，也要经常梳理和总结。"

主管G："你说得很对，可是这次为什么没有做好呢？"（那是如何发生的？）

员工D："我这次写报告时不清楚具体的格式和要求，对其中的一些要点也不明白，尤其是分析原因那里。"

主管G："你希望如何做将这件事的影响降到最小？"（如何让这成为

一个机会？）

员工D："我可以把这份报告按照要求重新做一遍，并且总结这次失败的原因和想出相应的对策。"

通过这段对话，我们能很清楚地看到该方法的应用。主管G与员工D针对某件未能达标的工作进行讨论。G首先询问D的最终目的，既能对D的想法有一个初步了解，也能让D有一个解释的机会。G接下来的提问很关键，重点在注意"如何做到"和"如何发生"的前后顺序。如果先问"如何发生"，等于在尚未对D的工作全面了解时，就质问D为什么会做错。而先问"如何做到"，可以让D将自己的想法都说出来，便于G对D的能力进行判断，也给了D具体阐述的机会。当G再问D"如何发生"时，因为已经解释过了，D能够平静地说出原因。G最后问的是"如何抓住机会"，一个明确的信号传递给D，公司仍然给你机会，但你这次必须要做好，请回答具体方法。得到宝贵的纠错机会，D当然会积极说出自己的措施。

可见，这次沟通是非常成功的。不仅解决了所发生的问题，也对下属进行了激励，更为重要的是了解了下属的工作能力和工作状态。

同理共情，协助他人突破成长

哈佛大学的本·沙哈尔博士提出了一个颇具开创性的观点：高效领导力的核心和精髓其实就是让每个人得以蓬勃发展。优秀的领导者总是能够清楚地了解自己下属的优势与弱项，并能够最大限度地激发员工的潜能，帮助其成长。作为领导者，自己要先成为这样的人——知行合一，言行一致；并且要在幸福感方面和个人发展领域有所获得，得到经验，这样才能成为员工人生的发展与成长路上的顾问。

一个具有教练特点和发展他人胜任力的领导者，会明确团队成员最迫切的发展需求，创造学习机会，将学习和可持续发展作为优先重点。他们能够帮助员工扫清成长道路上的障碍，懂得用适合他们的方式与之沟通，在恰当的时机予以相应的支持。

实施以上领导行为的核心要素是领导者具有很强的同感心理，能感知自己的行为对他人的影响，并且具有适时的调整能力。同感心理是多种人格特质的综合体现。首先，需要敏锐的感知力，这是一份对所发生细微事件的觉识，是一种专注于当下的安静的品质；其次，需要有利他思维，愿意花时间站在他人的角度，设身处地地去理解，愿意为他人提供支持；再次，要有一份变通性，这需要有强大的包容与接受力，是对无论怎样都能抱有的一种乐观态度，并且拥有再次转化的信心与意志力。

第七章　柔性领导力之自我管理

芭芭拉是一位加拿大人，在马来西亚一家全球化制造和服务公司担任财务总监一职。她有很强的专业能力，但公司的东西方融合文化却始终困扰着她。芭芭拉进入公司的第一年就发现了许多重要问题，并坚持把这些问题摆到桌面上解决。但公司的其他高层管理人员多来自东南亚，或者已经在东方国家生活多年，不习惯将不好的问题摆出来，因此常埋怨芭芭拉对同事态度生硬，不顾及同事的面子，对下属也过于严厉。

公司CEO对芭芭拉的才能和贡献也予以认可，但他也认为芭芭拉应该改变一下工作风格，因此对她开诚布公地谈了这个问题。芭芭拉认为自己的做法是正确的，公司出现了问题，影响到财务公平，甚至出现财务黑账，自己作为财务总监必须要明确指出，必须摆在明面上讲。芭芭拉的说法并没有错，芭芭拉的困扰是由东西方文化差异造成的。CEO既肯定了芭芭拉的敬业，又想让这样的发声以更恰当的方式进行。

CEO第二次找芭芭拉谈话时，用自己早年去欧洲留学和工作时遭遇类似的情况的经验，客观地分析文化的差异来帮助芭芭拉理解问题，并探寻与其文化相适应的交流方式，并且用心地为芭芭拉挑选了一位导师。芭芭拉认识到了存在的问题，明白了指出问题不应只关注问题，如何帮助员工识别问题并改正更重要。她在新的环境中因为获得支持而自我改变、自我成长，最终找回了社交自信。

帮助员工消除工作障碍，领导可以用多种方式提供帮助，可以提供资源，也可以是推动沟通、解决冲突等。每个人都渴望被尊重与信任，领导者在引导员工个人成长的过程中应放下对员工的逼迫与操控，尊重每一个员工的独特性与成长的节奏，不以权威进行主观界定，避免因个人的喜好与分别心而产生不平等的比较与对待。应学会思考换位，消融对立情绪。

领导者与被领导者、上级与下级、老板与员工，这组并列词语有什么共同的特点呢？每组呈现的都是隶属关系，被领导者、下级、员工分别隶属于领导者、上级、老板。在常规管理模式中，两种不同层级人员的沟通就是命令式的，被隶属者要无条件执行隶属者下达的工作任务，有异议怎么办？有句话叫"官大一级压死人"，谁在高位，谁就有话语权。现实中，很多上下级之间的关系也是这样处理的，体现就是：

"我是上级，所以我说什么，你就得给我听着。"

"我是下级，所以他说什么，我听着就是了。"

这就是沟通中的"不对等现象"，即一方绝对主导，另一方绝对听从。这样的"沟通"必然会导致员工产生对立情绪，因为员工只感受到了领导者的以权压人。而这也是很多人心中默认的，认为所在层级不同，不对等也是正常的。但沟通本身应是对等的行为，是带着不同意见的两方或多方进行意见交换的过程。因此，要允许不同意见的存在。因为不同，所以才要沟通，可能沟通到最后也没有完全达到共识，但是良好的沟通一定能将差异降到最低。

这是很多领导与下属关系的现状，奉行唯上主义。"唯上"定式是上级说什么就是什么，不去鉴别是否适合当下的情况。唯上思维是科层制官僚体系的产物，有这种思维的人工作中惧怕权威，唯上级命令是从。"唯上"者忽视下属和团队的诉求，忽视团队问题的解决。因此，出现很多管理的问题现状是，上级假以沟通之名，行"一言堂"之实，团队声音压抑，暗藏冲突。此外，由于上级对下级的表现有自由裁量权，导致下级只认定上级关心的工作、想着让上级满意，而非思考工作指向的价值。

那么，如何避免唯上主义？首先领导者不能想当然地认为，下属均是被动接受领导者管理的无差异管理对象，团队伙伴、员工或者老板应把自己与其他人看作一个整体。

要进行换位思考，换位思考体现的是一种合作意愿，是一种认知能力。愿意从员工的角度思考员工做某件事时的心态和状态，就能设身处地地感受到员工遭遇的困难，就能明白为什么会出错，知道怎样能解决问题，因此能真正做到切合实际、公正客观。

A是某公司员工，其父亲查出得了严重的疾病，他心里烦乱，工作时有些心不在焉，影响了整个部门的进度。

部门主管当众批评A："你也是老员工了，最近怎么工作效率这么低，难道是对公司有什么意见吗？"A说，自己对公司没意见，只是最近身体有些不适。

"没意见就好，多注意身体，把工作进度赶上来。现在通知你，你这个月的绩效没有了！"

这次批评之后，A仍然无法全心投入，甚至还出现不应该出现的差错。主管站在团队和公司的角度，决定向上报请，开除A。公司副总经理接到主管的报告后有些纳闷，A是公司元老级的员工了，虽然能力不够出众，但始终兢兢业业，本职工作从来都能保质保量完成，是发生了什么状况了吗？他没有直接签署名字，而是进行了一番调查。后来，副总经理知道是A的家庭有了困难，这是他不能安心工作的原因。

一天，副总经理把A叫进了办公室，直接说出自己已经了解的情况，

柔性领导力

并问A现在有什么具体的困难，公司能否提供帮助。A当时就哭了，说："我想回家一段时间照顾父亲，但因为具体需要多久无法确定，所以也没法请假，可是每天都很担心，真的是……"

副总经理说："你的问题我会跟经理讨论一下，帮你争取一段时间的假期，你先别着急，回去听信儿。"

第二天，主管就通知A可以回家休假了，假期让A自行斟酌安排。休假期间，公司不予发放薪酬，但会给A保留职位。

相比主管站在团队和公司的角度，副总经理能站在员工的角度，体现了人性化。既能对员工的困难感同身受，又能给员工充分的理解，不仅当事员工深受感动，其他员工看在眼里，也会感念公司领导者的心胸和善意。领导与员工之间的关系除了上下级的关系，其实还是一段非常宝贵的事业旅程的同行者的关系，大家同愿同行，实现整体共好。力求从对方的角度设身处地地理解后，解决矛盾的线索会自然而然地呈现出来。比尔·盖茨盛赞的《人性中的善良天使》一书提出，共情是一种善举，很多社会的问题产生都是因为人们没有足够的共情能力。共情本身并不能解决问题，但它是解决问题的必要条件。保持一份善意，带着真心的善意就能换来很好的局面。

表达尊重，引导并给他人选择权

我们都害怕被证明自己是错的。因为在面对质疑、遭遇损失时，我们大脑中的杏仁体会自动将其识别为攻击，产生本能的自我防御。这让我们习惯于把外界的反馈和自我价值绑定，特别是对于负面的反馈，就认为是一种对自己的否定。

自我价值是人格的内核，人们都渴望获得积极的价值认定，即便是普通人也不会任由自己的价值被否定、自尊被践踏。然而，无论生活还是工作中，价值否定的情况时常发生。似乎人们一开口说话都是以用一种指责、说教的方式，甚至还美其名曰"为他人好"，现实是矛盾随时随地一触即发。指责、说教是领导者的高发行为，也许只是为了沟通工作，却在不知不觉中因为行为习惯的养成固化成领导风格。当然，也有领导者因为较低的自我价值而采用有理有据表述的沟通方式，但可能会因过度的说服与教导引发他人回忆起过往被权威压抑与控制的情节，有时这产生的情绪的投射转移常使沟通进入严重的抗拒模式。谁都不希望自己的"好心被当作驴肝肺"，因而在沟通时，一定要让员工感受到你对他的尊重，这样才能成功绕过对方的心理防线。我们只能协助人们去发现自己，用开放性的沟通来启发联想与启示，开启人们的智慧，而非说教。身为领导者，需要提供给员工对自己生命新层次的发现与拓展的空间。这就要求领导者自身需要具有开阔的思维与自由的心灵状态,如果领导者本身的意识僵化,充满二元性的界定与认知,很容易在引导员工的过程中创造权威冲突。领导者应尝试探索使用一些方法,展现一种包容性的领导力,使员工拥有一个安全的心理空间。下面,列举两种方法供大家参考。

1. 讲故事

美国沟通大师说过这样一句话:"能讲好一个商业故事的人,有能力掌控大局并值得信任。"为什么故事会有这么神奇的作用?因为故事的重要价值在于以下两点。

(1)引发共情。故事,具有一种超越现实的使人共情的力量,能打动人或教导人。人都有"移情能力"——将自己置于他人的处境中,因此人在听故事时会不自觉地把自己想象成故事中的角色,从而在潜意识里就接受了故事所讲的道理。亚里士多德在两千多年前就讲过,"我们无法通过智力去影响别人,感情却能做到这一点。"

(2)绕过心理防线。人类都有天生的心理防御机制,当聊天的话题涉及自己时,防御机制就会自行启动,涉及自己的越多,防御机制的强度就越大。而故事若讲的是别人的事情,就可以很轻易地绕过这道心理防线。即便通过移情把自己代入故事中或者意识到故事里的事其实跟自己有关,却因为是自己主动介入的,反而能更加主动地接受故事里的道理。

2. 让对方选择

罗切斯特大学心理学荣誉教授爱德华·德西与理查德·瑞安共同创建了当代最有影响力的动机理论之一的自我决定论。这是一种关于经验选择的潜能的理论,是在充分认识个人需要和环境信息的基础上,个体对自己的行动做出选择的自由。

也就是说，个体都想凭自己的意愿来行动，做一件事是因为想做，而不是不得不做。如果我们做一件事情不是出于自己的意愿，而是受到外界压力驱使不得不做的时候，我们就会缺乏内在动机，很难有动力用心去做或者长期坚持。正因如此，领导者在给下属布置任务时，如果希望下属更积极、更有主观能动性，就要营造出一种"是他/她自己主动想做而不是被逼迫去做"的氛围。

具体有以下两种做法。

（1）引导对方得出结论。比如，因为事情紧急，你不得不安排一位新婚不久的女下属出一趟远差。如果直接下达命令，即便女下属不能反对，也会憋着一肚子不痛快，后续工作必然受到影响。你可以先跟她讨论婚后如何保持恋爱状态，引出"小别胜新婚"，然后再布置任务："真巧，现在就有一个'小别'的机会，要不要留给你？"女下属接受的概率会变高，而且会觉得这次出差不仅是领导委派的，自己也愿意去。

（2）给对方选择权。领导者在布置任务时要设定一定的调配空间，比如某项任务有五个组成部分，需要五个人分别完成，那么将选中的员工一起找过来（可以是五人，也可以超过五人），让他们自己选择各自想做的任务。如此一来，员工会觉得任务是自己选的，而不是领导硬分派的。

柔性领导力

关注心声，善待他人的情感

1924年11月，行为科学的奠基人乔治·梅奥带领研究小组进驻美国西屋电气公司的霍桑工厂。他们的初衷是探讨一系列控制条件，如薪水、车间照明度、湿度、休息间隔等对员工工作表现的影响，试图找到提高劳动生产率的途径。

梅奥小组先选择了六名继电器车间的女工作为观察对象，通过改变照明、休息间隔、工资福利等外部因素后，他们发现这六名女工的生产效率有了很大的提升。接下来，在工厂的配合下，他们将同样的外部因素应用在其他工人身上（这些工人未被告知参与试验），梅奥小组认为劳动生产率会因此发生变化；但事实却出乎他们的意料，整体数据并没有发生多少变化。

为了找到其中的原因，梅奥小组在约两年的时间内找工人谈话两万余人次，耐心听取工人对管理的意见和抱怨，让他们尽情地宣泄出来。意料之外的情况发生了，霍桑工厂的工作效率竟然逐渐提高了。

这个实验为我们揭示了两个有趣的知识，被称作"霍桑效应"。

（1）受关注后的行为改变。当六名女工被抽选出来时，她们就意识到自己将是受到关注的，这种被关注的感觉让她们加倍努力工作，以证明自己是优秀的。霍桑效应表明，情感因素（如被关注、被认可、成为团队的一员）给人们带来的动力比可能激励他们成功的潜在利益更大。我们的内心与生俱来就有一种被他人接受和认可的需求。当感觉到被人重视、被人关注的时候，人的更高层次的需求被满足了，就会因享受这样的感觉而让自己表现得更好来维持他人的重视和关注。因此，领导者要保持对员工的觉知和注意力，人们会因这份被看见、被关注的给予而被赋能。

（2）人在宣泄后工作效率更高。"霍桑效应"也被称为"宣泄效应"的原因在于，个体的情绪通过吐槽、抱怨等得到发泄后，工作效率会得到极大的提高。其实，无论什么样的企业，即便拥有快速发展的空间和优厚的薪资待遇，员工也不可能100%满意。人总会存在这样或那样的不满，这是因为每个人的情况都不相同，所需所求也不尽相同，但企业只能给大家提供制度化、统一化的管理模式和福利待遇，不可能照顾到具体的每个人。很多企业都希望能解决这一问题，但现实中很多企业都存在着因员工情绪积压而缺乏积极性和创造性、缺乏归属感等问题。

小孩子是高兴了就笑，不高兴了就哭闹，他们用一种直接的情绪表达来获得父母的关注；但是一位成年员工早已习惯了用含蓄的、隐忍的或压抑的方式来隐藏自己的情绪。因此，领导者是否可以关注到员工的情绪，是否可以给员工一个表达情绪的机会就显得尤为重要。就像华为用于让员工吐槽、投诉的"心声社区"就是很好的管理实践。华为也有发泄论坛的实践，在公司的入口处放置一个留言板，上面写着"我提问，我回答"，任何人都可以以不记名的方式写一张纸条，贴在这里。如果有人愿意回答，也可以以不记名方式随意回答。

"发泄论坛"开通后，越来越多的员工把对管理和经营的不满写在纸条上贴上去，会看到有人悄悄地回答。纸条一层层地贴上，问题一个个地呈现，虽然其中有一些是无理取闹，但大部分意见都能让公司领导层低头思考。领导者收获了宝贵的建议，员工获得了发泄的机会。事实证明，这是对双方都行之有效的方式。

  领导者应重视职场的非正式组织的影响力，尊重员工的各种情感需求，发自内心理解、善待他们。这将回归到领导者个人修养的综合提升上，能够心怀善意，利他，全然地信任与托起；时刻保持一份清明的觉知与感知，因清明而中正，因觉知而临在，因感知而了解；愿意居下而无私，尊重生命成长的节奏，厚德载物、有容乃大；拥有持重、知止与悦纳的智慧。

第八章
柔性领导力之团队管理

柔性领导力

2016年的夏天，篮球界最大的新闻莫过于凯文·杜兰特加盟金州勇士队。说实话，我并不喜欢杜兰特加盟勇士的这个决定，这让我觉得他破坏了NBA的游戏规则；但这并不会让我觉得难以理解他做出如此决策的心，毕竟在联盟第一人勒布朗·詹姆斯选择加盟迈阿密热火队，和德怀恩·韦德、克里斯·波什组成三巨头的那一刻起，联盟就默认了巨星抱团。既然已经有人体验到了碾压的快感，就会有人后续效仿。

虽然挑战最高级别的难度，压抑整场之后，赢球那一瞬间的美妙更加令人难忘，就像2011年德克·诺维斯基单核带队，率领达拉斯独行侠队击败了热火三巨头，拿到了队史第一冠。

在加盟勇士队的四年前，还不够成熟的杜兰特率领着俄克拉荷马雷霆队首次闯入总决赛，但在首场险胜后连败4场，眼看着勒布朗·詹姆斯首夺NBA总冠军。终场哨声响起，他在球员通道中与母亲相拥而泣。

四年后，杜兰特跟随勇士队再次回到了总决赛的舞台，连胜三场后，第五场在主场收官，以同样的系列赛比分击败了已经为克里夫兰骑士队效力的勒布朗·詹姆斯。2013年的那一句"每当我踏上赛场，我就想摧毁勒布朗"终于成了现实，他第一次打败了詹姆斯。

跟四年前那个青涩的自己相比，杜兰特的确变强了。与之相匹配的还有同样强大的队友和王朝级别的球队。

在雷霆队，杜兰特需要充当很多角色，他是球队最稳定的进攻终结者，最靠谱的三分投手，是角色球员最依赖的进攻发起点，还是球队外围防守的核心球员。他要让自己时刻保持在一个极高的水准上，需要承担的东西太多，需要背负的责任太重，需要扛下的压力太大了！

但勇士队没有给杜兰特这么大的压力，这里有当时联盟最好的炮轰战术，有一套完备的攻防体系。他像是一枚零件，被安插在球队最合适的位置上，然后按照预设程序有条不紊地运转起来。

内线防守有德拉蒙德·格林罩着，关键时刻还有安德烈·伊戈达拉顶上，他只需要提供协防，用他那恐怖臂展制造一些干扰即可。外围有斯蒂芬·库里和特里斯坦·汤普森的强大牵制，水花兄弟的外围投射能力冠绝联盟，他无须再担心自己会遭遇三人甚至四人的夹击防守。这支球队有非常多的进攻发起点，他可以轻松地在自己持球进攻和空切跑位中做选择。这支球队还有非常好的板凳深度，他每场比赛都能得到充分的休息。

虽然因为加盟勇士队组建四巨头的选择让杜兰特背负了巨大的外界舆论压力，但他在球场上却将压力切切实实降到了最低。他的到来让原本就是夺冠热门的勇士队变得更加强大，"死亡五小"成为那个时期联盟其他球队的噩梦。

杜兰特终于收获了自己渴望已久的总冠军。一切圆满。

从 NBA 总裁亚当·萧华的手中接过总决赛 MVP 奖杯时，他转身面朝观众，轻轻地耸了耸肩，像是在说："你们看到了吗，我的决定无比正确。"用他之后接受采访的话来说："那一刻，我觉得自己像个 BOSS。"

以大篇幅写杜兰特的目的是要看到他高兴的背后那让他高兴的原因。他找到了成就自己的方法，就是将自己投入优质团队中，和优秀的成员合作，让优秀的自己得到匹配的成就。

作为一名领导者，需要意识到寻找队员、组建、培养一支足够优秀的团队的重要性，施展自己才能的同时，与同样优秀的团队一起共同奋斗，去抵达更高的目的地。

对话机制，形成共识

几乎所有领导者的心意及领导岗位的职能设置都是为了创建一支具有凝聚力、向心力的团队，这样才能形成强大的战斗力。通常，领导者们惯用的方式是使员工确立目标、树立愿景、承诺奖励、设置处罚，以这样的组合拳激励员工的"战斗士气"。

但现实的领导现状也检验出这套领导方式的不尽如人意。员工往往并未感受到愿景的美好，而是感到目标的压力；员工有时还未能体会到奖励的甜，却先尝到了处罚的苦。于是，员工的干劲不仅没有提升，反而愈发下降了。

有的领导者在总结过后有意识地收起了"组合拳"，转变成身先士卒的带头风格，领着员工一起干。领导者指到哪儿，员工打到哪儿；领导者让做什么，员工就做什么。结果是，领导者疲惫不堪，员工也怨声载道。

多数领导者没有停止过学习并探寻有效的领导方式，如何能够带出优秀的团队呢？

一位世界 500 强企业的高层领导者对于如何带出优秀团队有很成熟的理解，他说："当所有人都能达成共识时，优秀团队就开始形成了。"

这句话不长，也没有高深的管理学知识，核心就是"共识"。共识即意味着有一种平等、开放和彼此信任的共创式合作关系，团队每个人都在自觉参与、自愿发挥领导力，展现最好的自我状态。

失败的领导往往是领导者说了算，领导者直接布置任务或者搞"一言堂"，员工不敢充分发表自己的看法；高层的决策意见不愿让团队知晓，出现信息断层；甚至有不信任而保留信息和资源等情况。

当然，越来越多的领导者能够有意识地去建立共识，他们真诚地与员工交流、分享信息，但往往需要付出很大的努力，不断地重复，结果还是不能让所有员工达成一致。这种情况与人类的选择性接受的天性有关，开始的时候，员工可能只会听取关于自己的和相关专业的信息，挑选自己认为适合的部分吸收。同时，不同个体的学习曲线差异大，总有一些人要花比他人更长的时间才能领会。但一些等待和耐心都是值得的，达成共识的过程就是不同思想激烈碰撞的过程，也是一种信息共享、开放、信任的关系的建立。

共识一旦达成，即意味着内部对话机制的建立，团队成员之间开始进行讨论，内部互动成为团队成员之间相互影响的原因。一方面，有助于员工和领导者建立更多的联系，促进情感升温，还能让员工感受到来自领导者的尊重。另一方面，有助于更深入、更全面地进行团队协作，能让团队成员在要面临的挑战、机遇以及可获得的资源等问题上达成共识。团队关系也建立在信任、相互鼓励、支持和保护的基础之上。

具体如何实施内部对话机制呢？一家医药企业的做法值得我们参考。该企业董事长希望企业的每一位领导者都能明白，自己和团队中的其他人是相互依存的。"领导不是一件独立完成的事情，"董事长说，"如果我们能够人尽其才，并有效地促进他们之间的交流和协作，那么这个团队就能

柔性领导力

做到其他团队做不到的事。"

董事长要求企业的五个业务部门中的任意一个都能随时启动两个项目——月度会议和季度评级。

月度会议时间是各部门的负责人向董事长正式报告的时间,关于会议的目的,董事长这样说:"是为了在每个月有互相鼓励的时间。平时,我们会相互发邮件来交换意见,也会有其他的会议用来讨论业务,但在这个会议中,我们会在一些问题上达成一致,给予双方支持。谈话中会多次出现这个问题——'我们怎么看?'我总是试图让他们谈谈自己不放心的问题。我希望这些领导者能告诉我他们预见的'红色'危险情况,而不是'黄色'或'绿色'的无关紧要或顺利的情况。我希望从他们那里听到的是我们觉得有挑战性、有风险的以及需要得到我们帮助的事情。"

通过董事长的讲述,我们可以明白,月度会议的目的不仅仅在于发现和解决风险,还更深入地涉及绩效表现和责任感,让与会者把问题摆到桌面上,承认在哪些方面遇到了困难。"帮助领导者克服困难是我的责任,"董事长说,"其实,有许多困难仅仅在谈话层面就可以得到解决了!"

季度评级会让企业所有人更加重视彼此的表现,企业要通过这项措施让员工明白,保证正确行为的具体实施是非常关键的。董事长说:"作为一个管理团队,我们一起工作的行为有13种,我们会始终努力践行这些行为。每个季度我们都会对彼此的表现评级,并通过积极参与评级会议来加强这些行为。只有不断做正确行为,才能取得团队工作的突破,我们也才能成为一个善于突破的团队。"

建立共识凸显了领导力与文化之间的交互性,是所有领导力模式的使用取得成功必须具备的一种底色。领导者彰显了谦逊的风范，团队成员具备了自雇佣、自驱动、自激励的特征，他们清楚地知道要做什么，也知道如何创造价值。

明确目标，看见结果

目标管理作为一种科学的管理方法，是德鲁克大师于 1954 年在《管理实践》一书中提出的。德鲁克认为，并不是有了工作才有目标，而是有了目标才能确定每个人的工作。

目标可以是一句口号，可以是一个界限，也可以是一串数字；但是，在制定目标时，不是仅凭个人感觉"拍脑袋"决策。如果管理者制定出的目标不被团队成员所接受，那么这个目标就是一个摆设。因此，制定目标是在明确企业任务基础上达成的共识，而达成目标则是每个人明确职责后的自我管理以及自我价值呈现。

很多学习过德鲁克目标管理的领导者在制定目标时都能遵循其四大思想，包含明确的目标、参与决策、规定时限、评价绩效，却还是会有些目标完不成，或结果与目标有所偏离。

《经理人的困境》一书的作者杰西·索斯特林认为："很多时候，人们往往专注于目标，却没有考虑这么做的意义，导致难以坚持完成目标，或者目标完成后，发现成功后的感受与预期有所偏差。"

关于目标，有这样一个故事：两位青年在抬石头修教堂。智者问他们：

柔性领导力

"你们在干什么？"一位青年说在搬石头，另一位则说在修教堂。50年后，说搬石头的人还在搬石头，说修教堂的人已经成了哲学家。

工作意义不同，工作的质量自然不同。意义使生命热情洋溢。因此，具有意义感的目标更能激发员工的工作热情。下面，总结两种制定目标的方法。

1. 将目标可视化

目标可视化体系又称为看板管理体系，是把看似不可控、不确定的因素等通过一定的管理手段确定下来，变成一个个能够看得见的工作目标，让员工看得见，也易于日常管理工作的执行和复制，以便更加容易地控制效果。

人们在实现目标过程中或多或少会有艰难、不宜、枯燥和乏味的时候，这些"负能量"都会越来越干扰执行力的发挥。

如果是在一开始就能预见不确定性，执行者的心态就会不一样，会自然带来一种心理安全。

实现目标可视化的最好方法就是将目标写出来，并且广而告之。当目标按照步骤被拆分后，要对具体目标实施可视化加工，以便让员工能看到实现目标的可能性。

在华为公司做销售大概分为几个步骤：先选准客户，并充分调查客户信息；将项目涉及的客户信息、竞争对手的策略以及自己的优劣势都写在黑板上，目的是拟定一个详尽的行动方案；员工分头行动，去完成自己的任务。

这样一个"目标—方案—行动"的过程促使华为员工的执行效率得到提高。其中，"方案"大环节中的"写黑板"的做法很值得推崇，因为很多员工无法实现目标，不是没有信心或方法不正确，而是目标庞大或者模棱两可，不能给员工具体的指引和建议。"写黑板"后情况就改变了，客户的情况、对手的情况和自己的情况都列举得一清二楚，那么自己需要在哪些方面更多地进行工作也非常清晰。

比如，某员工原先给自己定下的目标是：拓展人脉和增加影响力，但他很快意识到"拓展人脉"和"增加影响力"的目标太笼统了，根本不能起到指引的作用。于是，他修正了目标："每周和一位比自己有能力的前辈交谈，每月和一位有一定影响力的人共进晚餐，尽可能地让对方介绍其他有影响力的人给自己。"他的目标由笼统变得翔实，从空想到能够落地实施。

"目标可视化"的本质就是让目标、计划、检查结果、评价绩效等尽可能"可视化"，让每一个人看到，在了解自己以及团队的状态后进行自我管理，形成一种积极的氛围。

2.将目标阶段化

一个大目标总给人很遥远的感觉，执行起来会让人内心焦虑疲惫，人若长期努力却收不到预想的效果，就会气馁。因此，应将一个大目标合理地分解为若干个小目标。德鲁克将分解目标视为领导者的工作，这也是能力的具体体现。有效分解就是将企业目标转变成各个职能部门及个人的分目标，大目标变成小目标，小目标变成执行细则和任务。目标分解需注意以下三点。

（1）分解目标要具有可实现性。

过于远大的目标不仅不会激发员工的动力，反而会损耗能量与意志。目标设定是循序渐进的，经过一定的努力就应实现一定的结果。建议设定浮动式目标，即包含一个浮动范围，以便在一个目标实现后，可以继续挑战下一个。

（2）分解目标要有明确的时间期限。

明确的时间期限有助于帮助员工明确当前阶段的工作重点，更能够让他们聚焦于当下而不分神，也有利于领导者把握长期实现目标的节奏与进程。

（3）分解目标要具有可衡量性。

可衡量性是使目标由抽象变得具体的重要一步，在目标考核时有章可循。比如，"提高销售业绩"这个目标就不具体，也不可衡量。如果换成"每月提高10%的销售业绩"就相对具体得多。可衡量性指标包含时量指标、数量指标、质量指标等。

透过一则案例来更深刻地理解分解目标的意义。

某团队的项目研发进入关键时期，需要至少融资2000万美元才能进行下去。团队领导者H负责寻找融资，但对于一个在业内尚无名气的团队，想要大量融资是相当困难的，他们能用的牌只有手中的项目。

虽然他们的项目不错，但每当提到融资数额都无法获得投资人的认可。时间过了一个月，眼见资金耗尽，融资还没有着落。后来，H想到了拆分融资数额的办法，他在一张纸上写着"2 000万美元"，然后在下面继续写：

（1）找 1 笔 2 000 万美元的融资；

（2）找 4 笔 500 万美元的融资；

（3）找 10 笔 200 万美元的融资。

写到这里，H 感觉有些惊讶，如果数额是 200 万美元，甚至更少一些，相信会吸引到一些投资人。聚少成多，2 000 万美元可以分批到位。果然，接下来的融资进展得相当顺利，团队拿到了 3 笔 500 万美元、7 笔 200 万美元的融资，总共融资 2 900 万美元，比预计的还多出 900 万美元。

真是神奇的"化整为零"，将看似吓人的大目标拆分成便于执行的小目标，大目标的实现就变得更加容易。

反馈系统，上下通达

完备的反馈系统是一支高效团队绝对不能缺失的，它像是一条传输带，输送着各个环节、各个岗位的信息，团队不能只是由上至下下达指令，还应该由下至上进行反馈。

下面看一个十几年前震惊全球商界的破产案例，我们要关注的不是破产对象，而是另一家企业。

2008 年 9 月 15 日，美国著名投资银行——雷曼兄弟公司向法院申请破产保护。就在全世界为曾经的巨人惋惜时，德国国家发展银行却在替自己感到惋惜。因为在雷曼公司申请破产保护之后的两分钟内，该银行的计算机付款系统向雷曼公司即将冻结的银行账户转入了三亿欧元。随即雷曼账户就被冻结，这笔钱有去无回。

难以置信，德国国家发展银行竟然做出如此蠢事，德国政府对此次事件展开调查。后来的调查报告显示了与此事相关的所有人员在汇款前十分钟内的动向。

结算部自动付款系统操作员说："经理让我执行转账操作，我无权过问其他。"

结算部经理说："我没有接到停止交易的指令。"

国际业务部副经理说："经理让我同风险评估委员会秘书长为雷曼兄弟公司的风险级别再做一次评估。"

国际业务部经理说："我被董事会秘书长叫去，商讨是否为雷曼兄弟公司注资一事，临走前安排副经理同风险评估委员会秘书长对雷曼兄弟公司的风险进行重新评估。"

董事会秘书长说："我打电话向风险评估委员会秘书长索要风险评估报告，他说正在进行。我便找来国际业务部经理想了解雷曼兄弟公司的风险评估状况。"

董事会主席说："董事会没有得到风险评估报告，只能按照正常流程执行。"

该调查报告公布后，民众的愤怒更甚了，因为好像没人该为这件事负责，参与其中的每个人都没有具体的责任，但三亿欧元没有了。

导致此次事件发生的根本原因在于，上下级之间的反馈不及时，每个人都在忙自己的，相互不关联，上级对下级没有了解和指导，下级对上级没有咨询和反馈。如果追根溯源，是该银行的领导者没有对组织进行有效捏合，导致人员失序，工作不清。

没有反馈的沟通不是一个完整的沟通，完整的沟通必然具备完善的反馈。如果能进行及时反馈，就可以避免工作中的"单机运行状态"出现，建立相互沟通的网络，让每一项工作都能被执行到位。

但是，目前很多组织却没有意识到反馈系统的重要性，都知道存在沟通及协作的困扰，却常常聚焦在工作技能的提升上，忽略了去关注反馈系统的顺畅、清晰、有效。应检视一下以下几个问题：

（1）你们的反馈系统的现状是怎样的？

（2）你们的反馈系统是依赖权力的，还是自由顺畅的？

（3）你们的反馈是遵循流程的设定，是服务于流程的吗？是否有随机调整的空间？

（4）团队不同层面对于反馈系统的态度是怎样的？是否能做到真实、及时、有效？

……

建立反馈系统的标准应根据每个企业的具体情况而定，有以下四种类型。

（1）全部反馈制。所有工作都必须进行反馈，区别则在于反馈的层级，向高层领导者、中层领导者还是基层领导者反馈；或反馈的次数方面是需一次反馈，需两次反馈，还是需多次反馈等。

（2）及时反馈制。反馈必须在工作执行遇到节点或结束后的第一时间。

（3）多次反馈制。有的工作需要反复、多次反馈才能更为顺利地进行。

（4）紧急反馈制。对于突发状况，反馈就不能按常规方式进行，需要立即进行或者越级进行。

有效激励，关爱成长

过去，一份工作就是一个机会，关系到生活状态；现在，一份工作意味着有了一个平台，关系到生命价值。员工对于工作的要求正在改变，期望有良好的工作环境，有发展的空间和挑战的机会，有和谐同频的事业伙伴等。他们更加关注自身价值的体现、自己的目标与组织目标的匹配度。赫茨伯格认为："人的最高目标，就是根据自己天生的潜在能力，在现实生活的局限内，充分实现自我，成为具有创造性、独一无二的个体。"激励员工保持最佳的状态，对实现目标有最高的承诺和投入，企业因人成事，这对领导者如何运用激励管理方法提出了更高的要求。

美国行为学家弗雷德里克·赫茨伯格于1959年提出"双因素激励理论"，该理论又被称为"激励—保健理论"。20世纪50年代，赫茨伯格与助手对匹兹堡地区11个行业的203名工程师与会计人员实施了一项访问研究。访问的主题有两个：

（1）在工作中，哪些让你感到满意，并估计积极情绪大概持续的时长；

（2）在工作中，哪些让你感到不满意，并估计消极情绪大概持续的时长。

赫茨伯格认为"满意"与"不满意"两个维度是影响员工绩效高低的

主要因素。满意因素是可以使人得到满足和动力的因素，也称"激励因素"；不满意因素是使人容易产生不满情绪和消极行为的因素，也称"保健因素"。

经过对"满意"和"不满意"两种因素的调查，得出激励因素主要与工作状态有关，包括个人成就和成长、工作挑战性和职责划分、组织赞赏以及社会认可等，满足这些因素将令员工满意，可以激发员工的工作积极性；保健因素主要与企业政策和管理有关，包括政策制定、管理监督、工资福利、劳动保护、安全措施、人际关系、工作环境等，满足这些因素能消除不满情绪，维持原有工作效率，但不能激发员工的积极性。

赫茨伯格认为传统的激励方式，如提升工资、改善工作环境、树立人际关系等将不会产生或者不明显产生激励效果。赫茨伯格的激励—保健双因素理论同马斯洛的需求层次理论有相似之处：保健因素相当于生理、安全、归属和爱等较低级的需求，激励因素相当于尊重、自我实现等较高级的需求。因此，领导者必须认识到保健因素的局限性，只有在激励因素上做到满足，才能产生更高的激励效果。

赫茨伯格给出的激励方法可以概括为两种：一种是满足员工对工作本身的要求，称为直接满足；另一种是满足员工对工作条件的要求，称为间接满足。

直接满足是个体通过工作所获得的满足，能使员工学习到新的知识和技能，对工作进一步产生兴趣和热情，使员工在工作中体会到成就感。采用直接满足激励所需的时间较长，但员工的积极性一经激发，可以长久持续。

间接满足是个体在工作之后获得的满足。在调动员工积极性上有一定局限性，只能在短时间内提高工作效率。在实际运用过程中要充分注意保健因素，不至于因"不当满足"而使员工产生不满情绪。更要结合激励因素，避免只采用间接措施的"瘸腿激励"。

对于究竟该如何对员工采取有效激励，因为各行业、各领域情况不同，不能给出统一定论，但赫茨伯格提出了几点实用性极强的通用因素（见图8-1）。

```
┌──────────────┐  ┌──────────────┐
│  工作成就感  │  │工作中的表现机会│
└──────────────┘  └──────────────┘

┌──────────────┐  ┌──────────────┐
│因取得良好工作成绩│ │  工作愉悦感  │
│  而获得奖励  │  │              │
└──────────────┘  └──────────────┘

┌──────────────┐  ┌──────────────┐
│  职务责任感  │  │对未来发展的期待│
└──────────────┘  └──────────────┘
```

图8-1　赫茨伯格激励因素

赫茨伯格最后建议，为增加"激励因素"、提高生产率，需要在工作过程中加强"工作丰富化管理"，以取代"流水作业线作业"或者"高重复性作业"，可以有效降低员工的不满情绪，提高其工作积极性。

在如今的企业日常管理中，越来越多的领导者开始探索精神层面的关怀和激励，无论采用何种激励手段，首先要从工作给员工带来的价值系统思考，才知道真正的激励因素何在。但根本之处在于领导者的全心全意，真心利他，用心关爱。有效的激励一定是契合人性的，是了解之后给予善意善行，是秉持爱和信任的支持和成全。这需要领导者清明地慧见每个员工的特质，根据每个个体的独特属性，激励并唤醒他们生命的意义、热情和价值感。

人岗匹配，知人善任

在问及"企业所面临的最大问题是什么"时，普遍的回答是"人的问题"。我们不难想象企业里所存在的各种各样人才的状况，人性会影响并决定工作的效率。企业管理是否释放人性中本就具足的善意？是否激发人性的内在潜能？所以也许不是没有人才，而是人性没有得到有效发挥。

宁高宁讲，人是最根本的，选人、用人、评价人、激励人和培养人是企业组织管理的根本方法。因此，一个优秀的企业是具备完善的人才选用育留机制的。作为领导者，发现人才、使用人才、发展人才，永远是最核心的命题。管理学有句名言："垃圾是放错了位置的人才。"领导者要知人善用，做到人尽其职，人岗匹配。人岗匹配度越高，员工胜任度就越高，所在岗位的人就越能发挥最大作用。

1. 岗位分析

岗位分析人岗匹配的第一要素是"知岗"，按照"岗得其人""人适其岗"的原则，领导者只有了解了岗位，才能去选择适合岗位的人。

知岗最基础的工作即是岗位分析，岗位分析是对某项工作就其相关的内容与责任，给予汇集、研究、分析。岗位分析可解决四个方面的问题。

（1）岗位性质：各岗位的工作任务和状态，以及执行的具体方法等。

（2）岗位职责：工作范围、责任大小、重要程度等。

（3）岗位关系：相关岗位之间有何种协作关系，协作内容是什么。

（4）岗位要求：每个岗位对员工的具体要求，什么样的人能够胜任这个岗位。岗位要求包括工作环境、工作内容、责任与权限、胜任能力与资格、工作表现等。

2. 使用胜任素质

人员分析经过岗位分析后制作的岗位说明书是人力资源管理科学化的基础。人岗匹配的关键是知人。知人，是解析一个人的过程。解析要结合硬性条件和软性状态进行。硬性条件包括出身、学历、家庭环境、工作经验、兴趣爱好、专业特长等。软性状态包括思想、情绪、成就动机和毅力、镇定与韧性、诚信与责任、忠诚与承诺、能量与热情等。

知人的方法有很多，如背景调查、使用人才测评工具、进行心理测验、行为面试等。每一种方法结果都不可作为判断人才的唯一标准。在企业管理和咨询的实践中，胜任素质是一种帮助企业实现最佳"人岗匹配"的有效工具。

胜任素质的应用起源于20世纪50年代初。当时，美国国务院感到以智力因素为基础选拔外交官的效果不理想。许多表面上很优秀的人才在实际工作中的表现却令人非常失望。在这种情况下，麦克·里兰博士应邀帮助美国国务院设计一种能够有效地预测实际工作业绩的人员选拔方法。

胜任素质是在特定的企业环境中，在具体的工作岗位上做出优秀业绩需要的知识、技能和行为。麦克里兰认为，胜任素质是指特质、动机、自我概念、社会角色、态度、价值观、知识、技能等能够可靠测量，并可以把高绩效员工与一般绩效员工区分开来的任何个体特征。胜任素质主要具备这几个特征：是人的综合特质，与工作绩效高度相关，以行为的方式体现，是可持续的，可预测未来行为表现。

企业通用的胜任素质包含领导力、积极沟通、人际动力、决策力、解决问题、流程管理、自我管理等。在每一个大的胜任素质范畴中又包含相应的多种胜任力，以领导力举例，又涵盖领导力沟通、驱动结果、领导变革、管理创新、团队建设、指挥授权、战略人才管理等。

企业应如何通过"胜任素质"来知人，进而实现"人岗匹配"呢？越来越多的企业在梳理并建立专属于自己企业的胜任力，科学客观地建立胜任素质模型，采用评价系统，进行现有岗位人员素质评估。评估结果校标胜任素质模型的常模标准，对胜任素质的各行为层面及人格层面进行比较。因此，了解岗位人员的胜任力、行为特点、潜能等，针对与岗位要求的差距、有待发展的领域采取有针对性的人才发展计划。

3. 人岗匹配

广义的人岗匹配包括人与岗位的匹配、个人与团队的匹配、个人与组织的匹配。

个人与岗位的匹配，是指人的特征与岗位特征的匹配。个人特征主要包括人格素养、行为模式、经验技能、动机潜能、态度责任。岗位特征包括任务、职责、胜任力、关键结果对人的要求。人与岗双向匹配，即把"合适的人用在合适的位置上"。如果把一个具有很强的人际影响力、做事灵活且具备大局观的人放到技术类岗位不一定适合，这就没有尊重人的特征和岗位特征。人与岗位的匹配程度可简单划分为以下四大类：

不匹配，即人员特质与岗位理想情况存在显著差异，不雇佣或无培养潜质；

不太匹配,即人员特质与岗位理想情况存在一定差异,不建议雇佣或培养潜质有限;

基本匹配,即人员特质与岗位理想情况基本一致,可建议雇佣或有一定培养潜质;

非常匹配,即人员特质与理想情况基本一致,建议雇佣或可培养。

个人与团队的匹配,是指个人和其所属的工作团队的匹配。团队风格可大致分为:领袖型、创新型、促进型、实践型。领导者需要对团队风格有客观、全面的认知,要了解员工个人的主要素质是否与团队的要求相一致,是趋同匹配,还是互补匹配。

趋同匹配是指新员工和团队的整体行为风格、能力水平、价值观相一致;互补匹配是指新员工和团队的整体特征有差别,这种差别是对团队的一种补充和促进。趋同匹配有利于强化团队的凝聚力、提高合作度。互补匹配则是团队综合功能的完整,但需要考虑员工在压力或非舒适领域的反应、所需要的支持和与之沟通的方式。

个人与组织的匹配,是指个人价值观与组织价值观的匹配。个人是否能长久保持对组织目标和价值观的认同,并把自己的目标与组织目标相协同,取决于组织是否具备平台性、开放性、协同性与和谐性。要看组织是否能以人为核心构建共同的价值共享系统,为个体实现价值创造条件和可能性。

因此,领导者要重视组织文化的建设,用文化的力量去培养员工的价值导向。

双向匹配的另一面是组织对人的要求,当然,一个优秀的组织是最大限度地激发人的优势,而不是修正人的不足。没有完美的个人,领导者需要思考组织系统的包容程度有多大,个人所能发挥的能力、潜能空间有多大,这是避其短。发挥人之所长是组织系统有效运作的动力。

上下同频,形成合力

某公司研发部经理将新产品研发任务交给了A、B、C、D、E五人,组成"专职研发组",C为组长。若在规定时间内完成研发,每个人都可以得到相应的绩效奖励。

C规定小组每天都要开次小会进行讨论,每周开一次大会做工作总结和计划。但工作刚开始就出现了阻碍,五个人谁都不想负责数据核算工作,因为既枯燥又担风险,而且公司没有购置能进行复杂核算的计算机,一旦核算出错,后续工作将全部作废。耽误了一段时间后,C以组长的身份决定由D和E进行核算,二人提议为保证核算速度和准确性,请C向上级请示购买一台能进行大数据核算的计算机。

C将实际困难和组员的要求向研发部经理做了汇报,经理认为要和研发小组成员开会讨论后决定。最终经过五个人在会议上的全力争取,经理同意购买一台计算机。但过了一个月,计算机也没能购买到位,D和E的工作进展缓慢,虽然A、B、C也都加入了核算工作,但仍然难以赶上预期进度,其他工作也因为数据出不来而停滞不前。

C只好再次请示经理,没想到这一次经理将购买计算机的事否决了,他认为研发工作尚未见到一点成效,就大笔投入很是不妥。每天急火攻心

柔性领导力

的C当即就怒了，和经理据理力争——不给条件拿什么出成效！

吵架事件闹得沸沸扬扬，公司董事长都介入进来，在了解了事情的经过后，对研发部经理不支持下属工作的行为予以严肃批评。当场任命了公司一位执行董事主抓此事，并叮嘱要给予下属更多的支持。

透过这则案例，引发领导者思考的是，如何解释管理制度的有效性。很多企业为了体现或提升管理水平，通常是习惯性地开会，制定各项规章制度，甚至成立新的职能部门。这一系列的举措之后，真正执行时效果如何？可能相继又产生了新的问题或是降低了团队的效能，甚至有些程序反而抑制了人们的主动性，不再有人主动承担责任，员工不再是一个有机协同的整体，几乎所有事都"程序主义"。如果管理制度和工作规范没有增进工作的协作性与连贯性，那它就是"表面形式"。

最有效的管理方式是什么呢？德鲁克曾说过："管理的本质不是建立在强权上，而是建立在组织的信任上。"当管理的主客体之间相互信任，并可以相互成就时，这就会形成健康有效的管理关系。

该案例反映了影响团队效能的一些基本状态：责任真空，员工缺乏主动性和责任意识，上下级之间缺乏信任和支持等。而导致团队现状产生的根本原因在于，团队从上至下没有共同的团队目标、行为准则；团队管理者没有做到知行合一，没有达到相生相长的境界。

高效能团队的行为准则和制度规范不应将重点放在程序化的运作和基本行为的约束上，而应更注重在运用这些行为准则和管理规范时所体现的人性关怀，在尊重信任、同理利他、积极回应、协作共创等方面。

1. 避免责任真空

责任真空现象，代表性的有责任漏缺、缺乏归属感、缺乏主动性、缺乏责任意识等。首先，领导者要和团队明确共同的目标以达成共识，拥有共同的目标有助于提升团队成员的使命感与加强团队意识。其次，整个团队要有清晰明确的行为准则，这是基于领导者的引领，与团队成员共同协商，共同制定的适合于自己团队的准则。这样的准则是公开公正的，有助于获得团队成员的承诺，使成员遵守约束。再次，建立定期检查"责任真空"的机制，鼓励团队成员轮流担任检察官。既是发现，也是学习和了解。发现问题，就自己的位置谈自己对问题的贡献及解决办法。

2. 提升团队效能

团队效能无法得到发挥，往往是由于团队没有真正意义上形成凝聚力，领导者也缺少聚人聚气的能量，团队形聚神散。

人性都有趋利避害的特点，绝大多数组织里都存在林格曼效应，也称"社会惰性"，表现为团队效能低下、工作怠惰、团队松散。在现代职场中，如果团队中个体的贡献无法被衡量，每个人的任务完全不明确或不太明确，那么这个效应尤为明显。

设定清晰的目标，再跟进目标实施，最后对结果进行客观、公正的评估。评估让个人的贡献可见，但领导者需注意的是，突出个人贡献是在团队内部树立标杆效应，相互激发能量，但避免贬抑其他人且不能在团队中制造出一种竞争的氛围。团队标杆效应于标杆个人而言是一种价值确立，当获得的成果对个人来说有特别的价值时，人们就会格外努力；于团队而言，是让大家有明确的认知，知道什么样的行为和表现是具有组织胜任力的，自己与标准或目标之间的差距在哪里。

作为领导者，应该不断让团队成员意识到他们还可以对自己有更高的要求，保持在团队协作中的专注度和热情，以此打造团队的乘积效应。

一个能聚人聚气的领导者也是一个资源提供者，能够给出关怀与支持去成就他人。因此，领导者需要为团队提供所必须的、合理合规的支持，以促成其尽快完成任务，支持不仅包括资源上的，还包括精神上的及其他相关性支持：

（1）资源上的支持，包括人力资源、信息资源、财务资源（职务范围内）、人脉资源、技术资源、设备资源等；

（2）精神上的支持，包括提供教练和促进个人发展、激励和鼓舞、陪伴和引领、信任和接纳等。

（3）相关性的支持，包括心理空间、转化时间、能量补给等。

3. 复盘迭代

一个具有责任意识、凝聚力的组织氛围奠定了复盘的基础。复盘的关键在于有向心力的文化做支撑，团队成员间坦诚开放、深思洞见、责任担当使迭代发生。复盘从某种程度上来说是反人性的，充满责任与担当的人复盘时愿意呈现自身的不足；相反，缺乏自信与勇气的人可能会指向外部的挑战和问题。具有战略思维及主动性的人能把领导者的思维、精神和团队的行动统一起来；而缺乏积极思考和自我管理的人往往会游离于团队之外，这是领导者与团队、个人自身合一的体现。

很多公司非常重视复盘，但复盘后收效甚微，感觉复盘似乎沦于开总结会、座谈会、检讨会、表彰会的形式。结果是往外看问题，很少往内看；看到问题表象，看不到关键本质；提出想法，没有落地方案。领导要求员工做工作复盘，经常是员工一周大部分时间忙于做信息整理、制作PPT、练习发言，有的为了修改一两条文案或是使计划详尽具体，就召集团队群策群力开会讨论。

复盘犹如庖丁解牛般详细，有什么具体收获？文案修改到感动自己，用户有什么反应？复盘与工作会议有着本质区别。

复盘的意义是通过回顾实际经历发现问题、分析问题并解决问题，将经历转化为经验，推动组织和个人的迭代和成长。大卫·库伯（David Kolb）提出的"经验学习"模型理论也是成人学习领域最主要的基础理论之一，复盘即是从自己过去的经验中进行学习的结构化方法，获得启发、见解，扩大和提升自己的知识域和能力，以指导未来的行动。

复盘首先是以学习为导向，透过不断地总结、不断地发现、不断地优化而转化为内在的经验和智慧结晶。职场中，很多人会陷入低水平的重复性工作和事物中，处于机械性的工作状态。他们想要超越这些低水平的重复，透过复盘来升级自我系统。复盘可以衡量一个人的学习能力，也有助于提升学习能力。复盘自己，从经历中获得认知与重启的动力；复盘他人，从别人的经历中汲取营养。阶段性复盘从当初制定的目标出发，校正自己所做的每一步在正确的轨迹上。这需要一种觉知力和全局观。全面复盘是全面地总结经验、系统地发现规律的过程。因此，无论成功与失败，经验或教训都有意义而珍贵。无论是个人还是团队，复盘的最终导向是指导并落实到未来的行动，因此，复盘又是一次次"知与行"统合的历程。任正非说过："将军不是教出来的，而是打出来的。"复盘就是对个人及组织两柄利剑的不断打磨，既磨平了剑身的铜斑锈迹，也锋利了剑锋。

冲突管理，降低情感型冲突

冲突是人们在日常生活和平时工作中经常会遇到的现象。从心理学的角度看，冲突是指个体由于感知到彼此不相容的目标、认识或情感等方面的差异，而引起的相互作用的一种紧张状态。

团队成员的性格、阅历、修养、彼此看待问题的角度、沟通方式等的差异是导致冲突发生的因素。任何一个组织都存在着不同程度的、各种各样的冲突，据美国管理学会进行的一项对企业领导层的调查显示，领导者平均要花费 20% 的时间处理冲突。中华民族自古以来就有"以和为贵"的思想，对于一位在中国传统文化熏陶下成长的领导者，他们不愿意直面冲突，冲突管理更是他们重要的挑战。很多成功的企业家都认可领导者的冲突管理能力应排在决策、领导、沟通技能之前。

一个成长性的团队必须允许建设性冲突和创造性摩擦的存在。团队成员坦诚沟通、思维激荡、颠覆质疑，这样可能会产生更富创造性及经得起验证的观点。

哈佛商学院教授琳达·希尔认为，高效的团队会主动寻求任务型冲突，同时尽力降低情感性冲突。任务型冲突侧重大量与具体事件相关的分歧，这些问题是可以实际接触的，也是客观存在的，一般采取理智的处理方式而非感性的处理方式更为有效。情感冲突侧重人性化的或与人相关的分歧，这些问题都难以触及却又真实存在，采用更加感性的方式处理与主观问题相关的冲突会更有效。

1. 适量冲突的建设性

管理学的一个共识是：适量的冲突可以提高工作绩效，反之，过多或过少的冲突将降低工作绩效。工作冲突的发生可以产生四个方面的正面效应。

（1）创造力提升。当人们处于冲突氛围时，人是紧张的状态，适度的紧张会令人保持更加敏锐的思维、意识且具有主动的创新精神。

（2）努力值增加。人们总是希望在冲突中占上风，因好胜而产生加倍努力的自我驱动力，以获得自我证明和价值确立。

（3）凝聚力增强。团队冲突往往来自团队成员太想把一件事做好的决心，才会不畏惧冲突，才会努力寻求共识。这样的团队通常都是在冲突与平静的动态平衡中存在的，有一份同声相应、同气相求的凝聚力。

（4）信息升值。冲突将推动团队直面问题，这促进了一个沟通平台的产生。冲突可以使组织中存在的问题充分暴露，有助于领导者寻根溯源、诊断组织问题。

2. 过量冲突的破坏性

升级、加速及过量的冲突会导致成员产生情绪压力、关系紧张。当事务性冲突上升为情感或人际冲突时，负面情绪弥散为个人持久的情绪压力，甚至出现对个人动机和能力的评断及否定时，就会破坏一个团队的效能。

（1）影响状态。激烈的冲突或长时间的冲突给人带来的情绪压力转化为弥散的心境，会导致身心的损害，甚至使人陷入思维混乱的状态。

（2）浪费资源。陷入冲突中的人将会消耗和动用大量的时间、精力、情感和其他一些资源加以应对，完全被占据着，也被迫让其他停滞下来，甚至还会在其他工作事务上产生逆向心理。

（3）分散目标。由于冲突中求胜心理作祟，冲突双方往往会忽视所追求的主要目标和终极目标，而会把冲突的输赢作为目标而一叶障目，失去心胸与格局。

（4）催生自私。群体内的冲突可能会导致一种极端的情形出现，使团队的成员变得更加自私自利，他们把个人利益放在首位，而不顾及企业和其他人的利益。团队成员陷入私我的意识后，就会陷入一种资源有限的匮乏状态里，而破坏了资源共享和协同共进的企业文化。

3. 解决冲突的常规方式

对于领导者而言，需要管理和利用好冲突。对于建设性冲突，要善加引导、利用并形成善循环；对于破坏性冲突，则应该避免、化解或转移。人们在面对冲突时往往倾向于被迫做出选择，"两害相权取其轻""不得已而为之"，强硬解决或干脆回避。领导者也难免陷入这几种做法中，毕竟谁都不愿意直面冲突，哪怕自己不是冲突的核心。领导常用的处理方式有以下三种。

（1）强制。这是牺牲一方利益而使另一方获利的方式。领导者通常没有足够的资源和恰当的方法来马上解决冲突，但又希望问题迅速得以平息，往往就会采取强制的方式。强制是一种权威式的控制，创造了一种"一方输一方赢"的结果，与此同时，也创造出一种涌动的情绪暗流，这股暗流包含着不接纳、失去信任、失去平衡、对抗的心理。

（2）折中。使用这种方式，冲突双方能够获得适当的但并非全部的利益。这种方式的结果或者是无奈地折中，或者是高质量的双赢。它常常是权宜之计，是寻找到适宜策略前的缓冲，而这种方式只是将一次冲突的隐患留给了下一次，因此也不适宜多用，多次妥协也意味着毫无原则。"和事佬"式的管理并不能带来真正的团结，反而会导致组织离心离德、缺乏生机。

（3）不参与。这种方式是非专制和非折中的综合，通常是领导者害怕冲突、缺乏管理冲突的勇气，或领导者相对冷漠，不关心冲突中任何一方的利益。这样的领导者往往不想插手解决冲突，而是静观其变。不参与带来的好处是，避免自己也陷入团队成员的冲突之中，而且有机会让冲突各方自己解决问题。但需要一个前提，即冲突的各方具备自行化解冲突的意愿和能力。冲突管理是领导者的一项关键胜任力，面对冲突、解决冲突、在冲突中学习是领导力张力的体现，是对自我的突破，是影响力与能量的扬升。

4. 寻求任务型冲突

琳达·希尔认为，在与团队实质性工作有关的事情上，团队成员要坦诚交换不同意见，直率地质疑彼此的决策，也就是主动寻找"任务型的冲突"。她在《上任第一年》一书里也分享了她观察到的高绩效团队管理冲突的四个经验。

（1）接受个体差异和集体一致性。成员个性化能丰富团队的多元化，有效的团队允许个体差异和自由的存在，但同时因为不同的声音多了，便会增大摩擦系数，增加发生冲突的概率。如果团队内部的冲突过多，会导致成员形成竞争意识。因此，领导者必须了解团队成员个体之间的差异，合理调度、分配团队成员以发挥他们的优势，鼓励大家追求共同的目标，共建一个成员们共同遵守的团队准则。

（2）鼓励对抗和鼓励支持。高效团队的内部绝对不是一派和谐的，听不到一点不同的声音，反而意味着更大的危险。作为领导者，应该鼓励成员们发表不同的观点，以开放的心态倾听他人。团队成员应坦诚交流意见，在碰撞中获得启发和总结；但领导者也要防止成员之间过度对抗，演化为情感性冲突。

对抗的另一面是支持，领导者鼓励团队成员之间相互支持，携手并进，以宽容的心态包容他人的不足。与防止过度对抗相同，领导者也要防止成员之间过度支持，因为当和谐、友好的准则被不断强化时，则容易出现群体性思维。

（3）关注业绩与关注学习和发展。衡量团队的效能，是既要完成今天的业绩，又要产生明天的创新。领导者要同等关注这两件事。在领导力的要求上，"今天的业绩"需要领导者驱动结果产生，是关于建立问责制，要对绩效有明确预期，监督和检查绩效并给予反馈；"明天的创新"需要领导者鼓励并引领创新，营造开放的环境，用创新或彻底的变革取代传统的方式、方法。领导者将创造一种氛围，将学习和可持续发展作为优先重点，确认团队成员优劣势和最迫切的发展需求，创造学习机会，并支持员工广泛地发展活动，促进其专业发展和获得技能。因此，领导者的挑战在于，需要在短期目标与战略人才管理，授权与教练与发展他人之间达到平衡。

（4）促持领导职权与团队成员的自主权的平衡。第四个矛盾是领导职权和团队自主权，这也是一个自我管理和外部管理之间平衡的问题。一个高自我管理的团队是具有独立的计划、组织、控制能力的，他们不依赖于外部的规范的约束,拥有独立的自主权;但相应地,他们承担的责任也很大。其领导者在行使职权时无需对自己的行为做出解释或证明,团队之间建立起很高的互信,但这也是一种动态的平衡,当团队成员呈现低效能时,团队领导不能推卸对团队业绩的终极责任,需要用权威的控制去达到平衡。

5.减少情感型冲突

企业发展正变得越来越多元化,个体之间的相互关系也日趋复杂,因此也潜藏着很多的冲突暗流。在加强团队非实质性工作管理方面,应尽力降低情感性的冲突发生的概率,避免将争论个人化,把问题归咎到成员身上。

(1)认识冲突,其核心是人的差异。团队每个成员都具有不同的观点、目标和价值观,人的差异性是导致冲突产生的几大常见原因之一。不同的认知产生不同的观念,不同的动机导致不同的行动。当然很多外部条件和外部诱因的差异性、权力和地位的差异、所属职能范畴的差异、岗位职责不明确,以及职业发展通道、学习机会、奖励福利等都有可能导致冲突发生。

(2)判断冲突,理清冲突来源。判断冲突是与利益有关还是与需求有关是判断冲突来源的方法。利益是表象的东西,且多是暂时性的,如薪资、岗位和配套条件等;需求涉及根本,且基本不可妥协,如身份、安全感和尊严等。许多冲突看起来是利益之争,实际却是需求受到损害。举例来说,一个人自认为凭借自己的能力和对公司的贡献必然能获得丰厚的年终奖励,但最终结果却是不及其他人,因而产生冲突反应。通常,我们以为他在为经济上的损失而气恼,但真正深层的原因也许是奖励的分配事件引发的自尊受损。

（3）就事论事，不要牵涉人身。解决冲突的关键在于就事论事，把冲突争论的范围限定在具体问题上，不要扩大到冲突的对象身上，更不要上升到文化、理念层面。因此，领导者不论采用何种解决冲突的方法，都要坚持把冲突范围缩小、把问题具体化的原则，让冲突的双方明白大家只是见解不同，这不是个人恩怨问题，要在相互尊重、积极关注、协同合作的基础上看待双方的矛盾。

（4）对话协商，公开谈论问题。在开始解决问题之前，必须确保冲突双方理解并认同团队的共同目标。然后，由领导者召集冲突的双方在平等对话的基础上进行协商，把问题拿到台面上摊开来讨论。领导者要客观听取双方的陈述，不带个人情感地分析判断，聚焦矛盾点，大家群策群力共同探讨出合理的解决方案。领导者要善于引导双方在协商过程中的自我觉察，时刻保持正知正念，将注意力聚集在共创的目标上。

（5）管理情绪，平衡情绪脑和理智脑。在解决冲突时，领导力需要体现在拥有沉着冷静的意志上。情绪脑会根据反馈获得不同的感受，领导者不能让情绪感受投射在冲突事件中，本身有心理冲突的人很容易在瞬间失去平衡。如果领导者在处理过程中投射其个人情绪和情感，无论负面还是正面的，都有可能引发任何一方的情绪化，就有可能打乱原本考虑周全的计划，也许就会产生"一个问题还没得到处理，新的问题又出现"的不利局面。理智脑可以在任何复杂的环境中通过客观分析和推理来识别当前真实的状况。领导者的沉着冷静能使其保持清晰的思维，并从容不迫，从而传递出强大的自信和表现出对混乱局面的控制能力。

（6）特事特办，拆散对立组合。还有一类冲突是以对抗为目的，双方均主观地认为对方是错的，不甘示弱，试图用强势去压制或战胜对方。这种冲突最难处理，出现僵局比较常见。领导者面对这种势不两立的状况，可暂时拆散这个组合以打破僵局，两害相权取其轻。领导者需要清楚地识别对团队具有价值的一方，然后重新组成新团队，最终实现新团队继承老团队的目标。

领导者较好的冲突管理是将重大的冲突和分歧通过一种开放的、客观的、冷静的和建设性的方式来处理和解决。一个具备这种能力的人是具有高感知力的，能够敏锐地察觉冲突；是具有沉静品质的，能客观分析、沉稳面对；是具有合作意识的，能以共好的态度解决问题，建立共识；是具有全局观的，能够以开放的心态接受不同观点，能够认真对待其他人的意见和思维方式；是具有勇气和信心的，敢于面对冲突，能够影响他人的观点和行为。

第九章
柔性领导力之压力管理

柔性领导力

在人的一生中，总有无数的课题以生活点滴的形式来到我们的面前，有些事令人欣喜，有些事令人烦恼。一位快递员在送餐饮的过程中与一辆机动车相撞，电瓶车摔倒，餐食撒了一地。快递员从地上站起身的同时，顺手捡起仅剩的未破损的两瓶饮料，一瓶递给一旁的机动车司机，一瓶自己喝了起来。在等待交警来的短暂时间里，两个人一直在友好地交流着。可以想象，接下来交通事故的处理过程将会顺利很多。

负面的事件与情绪无法避免，有些人会怨天尤人，将这一切视为不幸；而有些人会顺势而为，将这一切划转为生命的智慧。

成功的人生并不是没有负面的时候，只是那些成功的人比其他人更懂得如何应对那些所谓的不好并保持最佳状态，他们能够接受并承担一切的发生，真正能够明白并顺应天、地、人的运行之道。

乔治·巴顿将军曾说："衡量一个人成功的标志，不是看他登到顶峰的高度，而是看他跌到谷底的反弹力。"

一个人的抗压力是生命弹性的源动力，所谓厚德载物，抗压的人生如同大地般可以承载、蕴化、拥抱万象，在面临压力时具有反脆弱性，似乎一切都转化为生命的养分而积累势能。

转化原则：重新定义压力

压力是现代社会的一大特征，有工作压力、社交压力、家庭压力等等，压力总是伴随着人生意义的建构和自我实现的挑战，压力是我们生活的一部分，也和我们人生的意义密切相关。

压力，指的是由紧张性刺激或事件引起的，伴随有生理和心理反应的紧张状态。从这个定义中，我们归纳出几个关键词：刺激、生理和心理反应。也就是说，压力并非某种外部威胁和挑战，其本身并无好坏之分，关键是我们为了应对外部威胁和挑战而产生的一系列身心反应。

积极的压力反应能够让人聚焦注意力、调动潜能和创造力；消极的压力表现会抑制人的行为和意志力。斯坦福大学的研究表明，改变对压力的看法，重新思考它、管理它，不仅是我们必备的技能，也会让我们获得截然不同的成长。作为一名领导者，需要具有一定的压力承受能力，并能够重新定义并转化压力，更需要练就面对压力的沉静的心态，这是一种在困境中或压力下保持沉稳、平和和韧性的能力。具备高抗压力的人是能够坦然接受生活的不确定性的人。不确定性威胁到人的最基本需要——安全需要的满足，人们害怕面对不确定和未知，因此人们通常对于未来都存在或多或少的焦虑和无名的压力感。对于不确定性的耐受力扩大了一个人的心理空间。我们的内在空间不断被扩容，当再度面对压力时，平时锤炼出的抗压力就会自动产生作用，帮助我们应对命运的考验。

作家苏岑有这样一段话："在心情最糟糕的时候，仍会按时吃饭，早睡早起，自律如昔——这样的人才是能扛事的人。人事再乱，打不乱你心。人，不需要有那么多过人之处，能扛事就是才华横溢！"

不乱于心、不畏将来，不论大事小事，都保持一份淡定与从容。这种心态与状态反映出一个人信任生命且健康正向，能够无条件地接受生命中合理与不合理的发生，看清楚一切发生的意义是什么，有意识地觉知到每一个当下正在经历的行为与发生。我们了解到生命的需要，就应该积极地找寻方法以完成自我。那么，在面对压力的时候，应该具备什么能力呢？

1. 思维力

多数人因一直在从事事务性工作，思维、意识处于匮乏或停滞的状态，从而缺乏愿景的筹划与大局观。我们应提升思维力，使意识更新。

有意识地训练逻辑思维能力，就是从局部去观照整体、理解因果的关系、举一反三地推理、归纳概括等。不让思维陷入二元对立的固化模式里，就是凡事不绝对化，不对立地看问题，不对抗也不固着，有原则也有弹性。树立规划意识，凡事预则立。有意识地对环境和信息进行分析判断，发现规律、变化、趋势。这既是对风险的评估与防范，也是对机遇的识别与把握。当我们有意识地保持这样的思维方式，就能使我们在看待问题时具有前瞻性、全面性、系统性。

培养创造性思维能力即培养创新的意识，此时这个人内心充满灵感，心思澄明，丰富自由。培养创造意识，是从已知的限制、经验中解脱，推陈出新，欢迎新的见解，拥抱变化，保持开放与包容。

更新思维，是让我们在面对压力时能拥有更加丰富的内在资源，可以在更高的意识维度上去清明地观照，有更大的自由和信任去化转。

2. 心性力

心性，是性情、性格。心性力是把心性能量转变成影响力和创造力的能力。很多雕刻家认为一件伟大的艺术品并不是由他们塑造出来的，而是它本身就存在于那个材料之中，他们只是把它的原貌展现出来了而已。其实，人的性格养成也是如此，一部分是天生的，另一部分是外部环境的塑造，环境促使人性中潜藏的那部分人格被展现出来，进而使人成为一个完整的"人"。

有时候，人性成长需要经历一些非常的考验。

著名诗人曾卓在其代表作《悬崖边的树》中这样写道："它孤独地站在那里，显得寂寞而又倔强；它弯曲的身体，留下了风的形状；它似乎即将跌进深谷里，却又像是要展翅飞翔……"比起那些生长在园林庭院中的树，悬崖边的树似乎更有一种动人的力量。那些能够扛得住压力的人就像是生长在悬崖边的树，虽身处困境，却从未向命运低过头；虽历经风雨，却依旧向往着自由。他们不怕自己孤身面对困境、险境、绝境，在其中不断磨炼自己，让自己真正成长起来。

做自己生命的雕刻家，去塑造自己独一无二的美。现代人广泛推崇修身养性，修身养性抵达的境界是明心见性。明心见性是内省的能力，是自我认识，是对心性的观照，是对潜能的挖掘和调动，也是人格的整合与完善。

明，是明白和了悟，是能够明确自己的天赋属性、价值、意义和使命。明心是心中有光明，能照见自己行动的路，能净化和摆脱心路上的妄念、羁绊和漩涡。见，是觉察和看见，自觉自己的一切行为、言语与思维，是彻见行为背后的本质。看见即是一份觉察，无论是自觉还是觉他，首先是让心平静下来，使心不乱。

心性能量的转化是生命升华的动力，使得心量更加开阔和深厚，让人能够清明地辨别真相、气定神闲、泰然自若地应对。

3. 生命力

生命力在身体上直观表现在体力、耐力、坚强、柔韧性、敏捷性、协调性、平衡性等方面。身体是生命能量的载体，当身体的健康出现任何问题时，也表示我们的身心整体失去了平衡，我们的情绪、精神上的安宁也会因此受到影响。

我们每个人都是自己身体健康的维护者，也是负责任者。当我们在生活中保持足够的觉知时，就不会让自己处在破坏、失衡、失序的状态中。身体如同一面镜子，如实地反映着我们的生活状态，包括我们的饮食、作息、运动习惯以及我们的情绪都会影响身体。

俗话说，动以修身、静以养心，动静相因、身心两健。一个有生命力的个体能保持良好的养生之道，有觉知的养心之道，聚精会神、安身立命。

4. 支持力

支持力是一个人从社会支持系统中获得的力量。心理学家认为，具有良好社会支持的个体会有比较强的幸福感、较高的生活满意度、较强的积极情感和较低的消极情感。社会支持系统不足会使人产生焦虑，没有归属感，面对挫折时承受能力下降，丧失自信，严重者还会有抑郁倾向。

社会支持系统包括亲人、师友、同事、社会服务机构等。我们作为社会人，很多压力皆来自社会关系，喜欢或不喜欢、控制或依赖、牺牲或补偿，这样建立在彼此力量抗衡之上的关系带来的是内心的压力、隔阂甚至分离。

良好的社会支持系统给人带来的是安全感和陪伴，是勇气、信心、力量的加持。因此，构建积极意义的人际关系是获得支持力的必要保障。生命关系的建立来自心与心之间爱的联系，家庭、企业、社会发展也需要这种关系的和谐融洽。

次序原则：面对、接受、解决、放下

突如其来的新冠肺炎疫情的肆虐对各个行业产生了巨大冲击，将近三年的时间里，无数中小企业扛不住倒闭了。

一位企业老板因此一蹶不振，陷入无尽的苦闷与自暴自弃的状态之中。妻子承担了工作、家庭的重担。而这位老板却每天沉浸在痛苦之中，让整个家庭都笼罩于阴影之下。摆在他面前的是不能面对的未来，不能接受的现状，不能解决的遗留问题，不能放下的过去。

另一位企业老板，在企业倒闭后还欠着巨额债务，承受了极大的打击和损失，但他很快从痛苦中走了出来，接受了残酷的现实。他很清楚自己接下来要做的最重要的事情就是努力维持安稳的小家庭。他一边去找债务方沟通债务偿还方案，一边找工作赚钱，还在业余时间通过做副业来增加收入。虽然他可能还会长期被债务问题困扰，但他勇于接受现实，面对逆境，并带有积极解决问题的心态，如此，失败对他来说只是暂时的。

人生无常、世事难料，无论是工作还是生活，任何人都会遇到挫折，如果一个人的耐挫性太低，就会沉溺在苦难中无法自拔，这样的人生又怎能走得平稳。通过上述两个人的对比，我们能够从中总结出面对、接受、解决、放下这几个关键词。这是具有心理弹性的人在面对压力时心理的正常次序。

弹性是物理学名词，描述一个物体在外力的作用下如何运动或发生形变。施力之后，物体本身会有回弹力，将施加于其上的力衰减弹回，反复数次后，施加的力得以被全部抵消。

弹性经济学解释由英国经济学家阿尔弗雷德·马歇尔提出，它讲的是关于一个变量相对于另一个变量发生的一定比例的改变的属性。

心理弹性的解释与物理学和经济学对弹性的解释有关联。心理弹性是一种稳定的个人心理特征，是个体应对压力、挫折、创伤等消极生活事件的能力或特质，是个体能够经受困难并在困境中适当调适的能力，是一种能够帮助个体对抗逆境并以健康感觉持续有意义地生活的能力，是在面临逆境、创伤、悲剧、威胁、艰辛及其他生活重压时能够良好适应的"反弹能力"。

当人们在经历负面的事件时，压力对个体形成向下的冲击力量。人们因对抗而形成抗拒的漩涡，使得生命进入自我损耗或过度强求的破坏模式。这时，人们需要静下心来面对，坦然接受。接下来积极但不急躁地寻找解决方案，可能需要反复尝试，但核心是尽快尽好地解决。最后，学会放下小我、突破小情小利的局限，看到更深厚的意义，这也是臣服自然、顺应自然的智慧。心理弹性的强弱关乎人的生存和成长，对于领导者而言，它是至关重要的（见图9-1）。

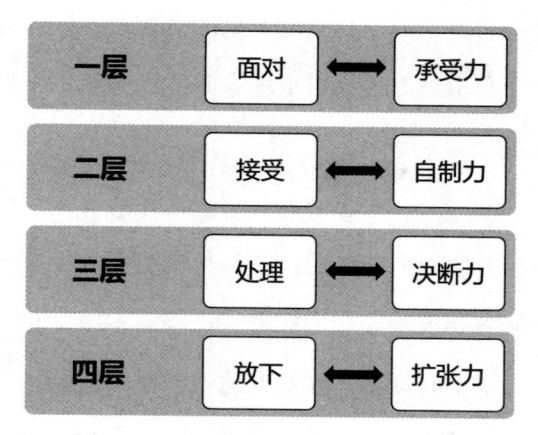

```
一层  面对 ↔ 承受力
二层  接受 ↔ 自制力
三层  处理 ↔ 决断力
四层  放下 ↔ 扩张力
```

图9-1 心理弹性的四种力与四个过程

1. 承受力

承受力是一个领导者面对逆境的承受能力，是引领变革与解决问题的两大核心胜任力。变革或战略转变所带来的心理冲击是巨大的，考验着人的心理。对于领导者来说，心理承受力是一种能够承担责任、承受压力、承担企业使命与愿景的能力。拥有这种能力，会因经历而累积起来信心，他们可以不断超越，成为整个团队的坚强砥柱。

2. 自制力

领导者的自制力体现在充分的自省、自控和自律上。首先，领导者要有省觉的意识，能够静心观照到一切状态，能够在理智、冷静的基础上做出审慎的判断和选择。其次，在高压的环境中能够调控自己的反应，以平和之心应对当下发生的状况。领导者也应当时刻保持自律，不论环境如何改变，自律是对价值观、长期目标、坚持高水平的绩效标准的坚守，这对于团队成员的影响是积极的。

3. 决断力

领导者的决断力体现在战略思考、果敢决策、敏捷行动上。他们具有对事物本质及规律的判断力、对关键节点的把控力,以及对决策结果的承担力,是基于勇气与担当而采取当下最合时宜的选择,是看向未来、当机立断的迅速的行动力。

4. 扩张力

扩张力是领导者创造力的体现,是领导者引领组织迭代进化、逆转崛起的能力。这种能力要求领导者不固着、不停滞;放下过往、舍得固有的不适宜的观念;善于审时度势、拥抱变化。扩张力的能量是时时刻刻鲜活地流动的,给人以希望和信心。

拆分原则:重建认知,分解问题,拆分目标

1. 重建认知

美国著名心理学家理查德·拉扎勒斯提出的认知评价理论说,人们在面对刺激事件时会产生两种类型的评价:初级评价和次级评价(见图9-2)。

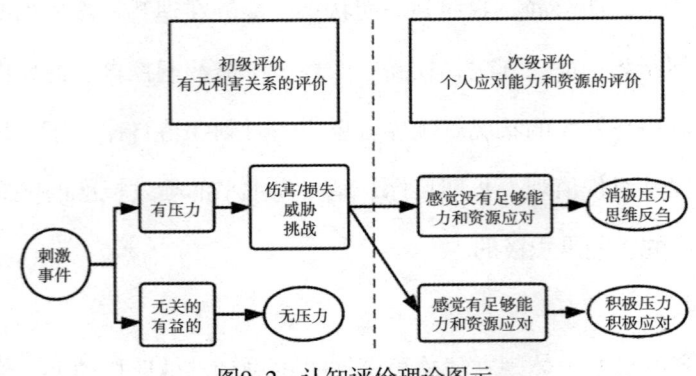

图9-2 认知评价理论图示

初级评价的内容是评价刺激事件对自己有无利害关系，评价的结果有三种：对自己有益的、与自己无关的、对自己有压力的。

评价结果是对自己有益的，会使人产生积极的情绪感受；结果是与自己无关的，可能人的情绪是平和的或者不产生情绪反应。如果结果是对自己有压力的，就会使人感受到威胁、挑战等而产生明显的压力反应。

次级评价的内容是评价自己应对压力的能力和资源，评价的结果有两种：感觉没有足够的能力和资源去应对，感觉有足够的能力和资源去应对。

感觉自己有足够的资源和能力去应对，这时人会展现出信心、热情等积极的能量，能够自我驱动、自我激励去达成目标。相反，感觉自己没有足够的资源和能力去应对时，这种压力很容易变成一种消极的压力，引发人的消极压力反应，会不自觉地陷入负面的想象之中，并因此产生无力感、焦虑不安等。

透过分析认知评价理论，不难发现，其实在压力源（即刺激事件）和压力反应之间是人们的评价系统，即人的认知和态度。因此，转变认知对压力反应是有调节作用的。这就需要我们保有成长型的思维，有意识地引导和管理自己的思维，使其处在积极、建设性的思考模式中，不消极、不绝对，关注于问题的意义并带有意愿地去探索解决方案。

2.分解问题

分解问题也是对事物深入思考、概括归纳的过程，以便找到当下最合适的策略，然后把策略化为具体的行动目标。下面，介绍分解问题的三个步骤（见图9-3）。

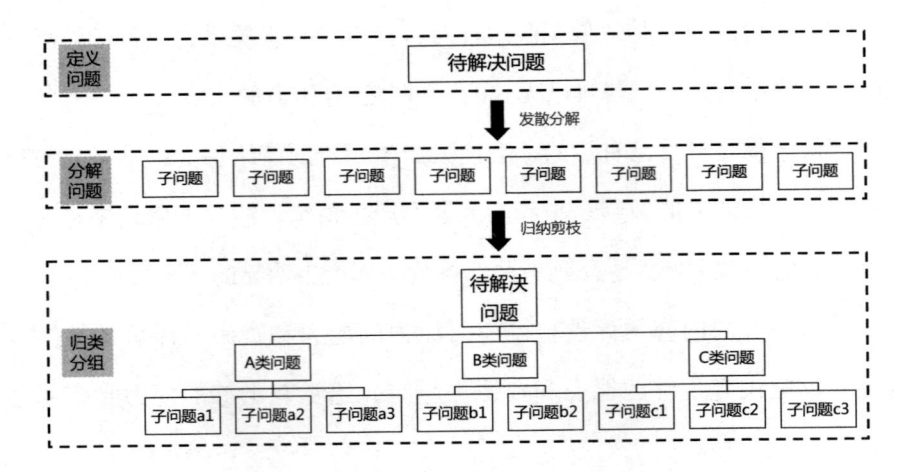

图9-3 分解问题三步详图

第1步，定义问题：要清楚所要解决的问题是什么。

第2步，分解问题：尽量使用发散思维，对问题进行分析拆解，形成N个平级子问题。

第3步，归类分组：对子问题进行归纳、剪枝，合并趋同，拆分不同。

如图9-3所示，通过分解再归纳，最终得到一个"金字塔结构"的层次图。根据问题的复杂程度，这个金字塔结构可能是两层及两层以上的N多层。

举例说明，总经理让一位项目经理去调查客户对销售报告和库存报告不满意一事。项目经理的传统做法是：将工作内容分块，然后分派本项目组成员按块负责调研客户不满意的原因。调查之后，总结出造成客户不满意的原因如下：

（1）库存数据与销售数据不吻合；

（2）获得库存数据的时间有严重延迟；

（3）销售数据的提取周期间隔太长；

（4）提交报告的周期不当；

（5）报告格式不够清晰；

（6）存在无意义数据；

（7）手动计算难以保证准确率；

（8）数据未能突出说明特殊情况；

（9）双方对接频率过低。

这是项目小组在做了大量调研之后的结论，但这些结论明显缺乏概括性，所以需要再进一步对这些结论进行归类分组（见图9-4）。

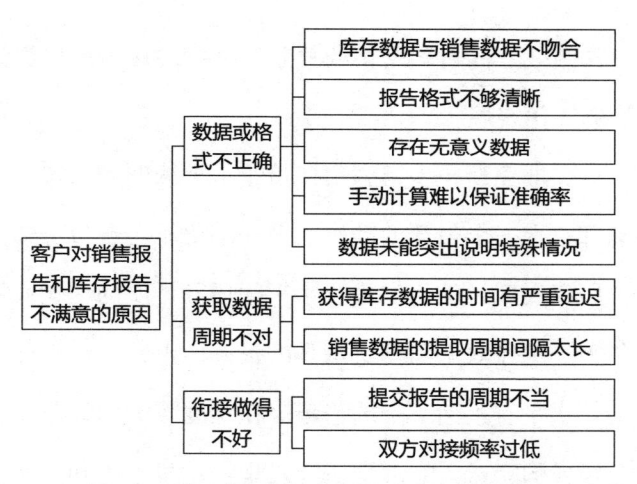

图9-4　项目小组归纳问题的"金字塔结构"

使用这种结构化的思维，就是将零碎的信息归纳、梳理到系统化的层级分明的结构当中，这种全面思考的方式有利于快速抓住问题的关键点。当人的注意力有所具体指向时，能量也会自然流向那里，产生积极的思考和行动。

3. 拆分目标

确定了行动目标之后，需要进一步对目标进行拆分，分解成一个个具体的可执行的小目标、小任务。小目标对人的意志力要求相对较低，不会给人带来执行压力，然而，每一个小目标的达成却是一次对自我效能感的确认。这也是积极、有效的行动带来结果上的积极改变而给人带来更大的信心。

并轨原则：压力与绩效的正向促进关系

压力和工作绩效之间有着密切的关系，适度的压力可以激发人们的工作动力和良好的工作表现。

关于这一点，耶克斯—多德森定律给予了更为明确的说明。该定律表明，各种活动都存在一个最佳的动机水平，动机不足或过分强烈都会使工作效率下降。研究发现，动机的最佳水平随任务性质的变化而不同。在比较简单的任务中，工作效率随动机水平的提高而上升；随着任务难度的增加，动机的最佳水平有逐渐下降的趋势。在难度较大的任务中，较低的动机水平有利于任务的完成。心理学研究发现，动机水平和工作效率之间的关系不是一种线性关系，而是倒 U 形曲线关系（见图 9-5）。

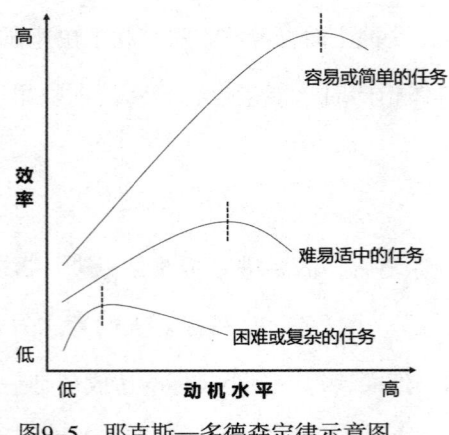

图9-5 耶克斯—多德森定律示意图

从图 9-5 可以看出，中等强度的动机最有利于任务的完成。也就是说，当动机强度处于中等水平时，工作效率最高。

结合实际工作考虑，当工作压力太小时，人们会觉得工作枯燥，专注于工作的动机很小，工作效率通常不会高，对绩效有负面影响。随着压力的逐渐增加，压力很自然地转化成为动力，人们会感受这种动力的刺激，专注力增强，工作效率大幅提升，对绩效形成正面影响。

在压力到达最佳点/临界点之前，工作压力越大，效率越高。当工作压力超过最佳点/临界点时，情况就相反了，压力越大，效率越低。当压力超过了个体能够承受的范围（每个个体的压力承受范围不同），人们会出现急躁、焦虑，甚至精神崩溃的状态。

为了让大家更好地理解这个定律，下面用两个小案例加以说明。

案例 1：做上班前的准备工作（简单任务）。

第一天，A 起床晚了 15 分钟，他以更快的速度洗脸、刷牙、吃早餐、整理服装来解决这个困难。第二天，A 晚起了 30 分钟，他的方法是跳过刷牙、洗脸的步骤，简单吃早餐，拿上衣服就出门。第三天，A 晚起了一个小时，他就只能放弃除穿衣服以外的其他生活步骤，直接冲出家门。

这个案例告诉我们，简单任务完成效率的峰值需要更大的压力才能达到，就像 A 晚起 30 分钟时，洗脸、穿衣服、吃早餐的速度才是最快的。

案例 2：跟大客户谈判（困难任务）。

A 今天终于没有迟到，他穿戴整齐，精神饱满，要见一个约了很久的大客户。他希望以 300 万元的价格完成这笔交易。刚到公司，老板要求他以 350 万元的价格完成交易。面对增长幅度较小的压力，A 觉得自己仍然可以完成这个任务，并且为有了更高的挑战而有些兴奋。A刚要出门，被老板告知要以400万元的价格完成交易，压力进一步增大了，A感觉到了沉重，但他想如果自己使出浑身解数也不是不能完成，但有些不够自信了。在A去见客户的路上时，接到老板打来的电话，让他以600万元的价格完成交易。面临着超高强度的订单压力和必须完成交易的任务压力，A的战斗意志崩溃了。他在谈判桌上完全不知道该怎么发挥，长久以来的准备都没有了意义，结果令客户失望，合作自然告吹。

这个案例告诉我们，将任务目标在可实现的范围内调高，是可以承受的，个体可能会因压力产生动力，而能更好地完成。但如果压力突破了峰值，到了个人不能承受的极限之后，人的信心会骤然消失。

我们不难得出这样一个结论：做简单任务时，压力越大，效率越容易达到最高水平，因为简单任务的高效峰值没那么容易达到；做困难任务时，则需要小心不要越过峰值，困难任务的峰值通常很低。因此，在工作中设定目标时，不要只选择那些对自己来说容易完成和实现的，但也不要一下子去挑战难度过大的。

有医学专家研究发现，压力会改变人的身体激素分泌状态，从而预防重大疾病的发生。压力还能锻炼人的心理品质，使人提高专注力和持久力。一个人的健康成长离不开适度压力的刺激，一个成长型思维的人更需要保持合理的压力驱动。在压力管理当中有一个神奇的规律，只要你不觉得压力会对你造成伤害，压力就会发挥它的正面效应；相反，如果你觉得压力好大且不想面对，压力的负面效应就会显现。因此，与压力为伴，保持自信坚定、积极乐观，这种状态都将给生活和工作注入很大的能量。

第十章
柔性领导力之韧性管理

韧性原本是物理学上的概念，也可称为弹性、复原力、抗逆力等，用以描述各类主体在面对外界风险时所具有的抗压力和复原力。

心理韧性是什么？清华大学彭凯平教授这样定义："心理韧性就是从逆境、矛盾、失败甚至是积极事件中恢复常态的能力。"心理学家安吉拉·李·达科沃斯通过大量的研究和调查发现了决定一个人是否成功的最重要的因素不是智商，不是情商，不是人脉，不是天赋，而是一个人坚韧不拔的能力。可见，心理韧性是一个人关键的心理资本之一，也是一个人具有蓬勃生命力的关键素质。

心理韧性赋予了我们三种能力。

第一种，复原力。它是一个人在遭遇挫折与苦难后自我修复的能力。复原力又包含了三个基本特征：

（1）接受并战胜现实的能力；

（2）在危机时刻寻找生活意义的能力；

（3）随机应变想出解决办法的能力。

第二种，坚韧不拔的意志力。

心理学家安吉拉·达克沃斯在《坚毅：释放激情与坚持的力量》这本书中告诉我们，成功的秘诀不是拥有天赋，而是拥有激情和坚持。"向着长期的目标，坚持自己的激情，即便经历失败，依然能够坚持不懈地努力下去，这种品质就叫作坚毅。"

第三种能力，反脆弱力。它是一个人在经历创伤后的成长力。

在面对苦难创伤，是一败涂地、裹足不前或妥协放弃，还是势如破竹、勇往直前或坚韧不拔，这是决定每一个人成长突破的分水岭。变化才是这个世界的本质，接受无常，拥抱变化，提高反脆弱能力，才是人一生最重要的素质。

心理韧性赋予我们的这三种能力能够让我们更好地适应这个真实的世界，更好地发展自我，实现自身价值。如果把人生比作一场马拉松，唯一能够让自己坚持到底的，不是同伴，不是喝彩声，而是自己的心理韧性。人生变幻莫测，只有具备强大的心理韧性，我们才能从容面对人生中的种种无常。

而企业经营正是不断演变、发展，伴随着纷繁复杂的外部市场变化及内部组织革新的变化。在新的科技革命和产业变革的冲击下，企业能否穿越挑战走向稳健，能否保持增长或逆势增长，领导力是关键。具有韧性的领导者是一个企业走出危机、效能持续增长的核心战略资源。

领导力韧性也是领导者具有抗压力和复原力的综合体现。领导者为带领团队达成目标，所展现出的积极适应变化、承受压力、接受挑战、战胜困难及扫清所有障碍的能力。

领导力韧性的具体体现为领导者自身具有高韧性和打造高韧性组织的核心能力。

（1）领导者高韧性展现的是抗压力、复原力和意志力。草木柔软可抵御强劲的风，草木干脆却容易失去生命力。鲜活积极的人生也是充满韧性的，有韧性的领导者具有阴柔的力量，他们具有担当起团队重任的承载力，具有承受压力的积极心态，具有实现目标的坚定信念。他们能给人一种化危为安的可信任感、获得重生的希望感，他们拥有拉弓如满月的境界，以及无所畏惧方自由的开阔意识，他们呈现的是紧而不绷的生命状态。

领导者打造高韧性组织，考验的是领导者领导成熟度、战略、人才管理和组织能力的综合才能。企业领导者需要有敏锐的洞悉宏观和微观趋势的变化的心，既能检视经验，又能预判前瞻，找到破局和可持续发展的关键点。更为重要的是，领导者能够在逆境中对整个团队发挥引领及驱动作用，组织的韧性离不开每个个体心理韧性的打造。

困难潜伏在各个角落，随环境变化、数字化及业绩要求不断出现，当变化与意外成为新常态时，组织需要领导者始终保有领导力韧性。我们将对如何构筑领导力韧性展开四个层面的讲解。

认知层：觉察自我认知模式，树立正知正见

我们每一个人都是自身生活模式的产物。我们的成长、教育、经历等让我们形成了特定的思维模式和行为模式，我们带着这种特定的模式生活着、工作着，而用一种固定的模式面对不同的环境，经历不同的人、事、物，做出不同的选择和决定，是有边界的、受局限的。因此，提升领导力的首要前提是帮助领导者打破固有的、陈旧的模式，扩展认知边界。

那么，我们应该如何不断地突破自我认知的极限，以增强适应性呢？

首先，要有一种开放的意识，愿意暂时放下已有的观点、经验、身份，在崭新的视角、更高的维度、宽广的格局下，保持与周遭环境开放的连接，加以理解。

其次，建立逻辑缜密、客观系统的思考方式。人生中最重要的合作关系，是我们与大脑之间的和谐运作关系，我们要去观察我们的思维，是否嘈杂凌乱、漫漫无序，还是清晰明确、平静安定。对于某件事的处理，我们是否在头脑中预演过，有可视的清晰图景，有经得起验证的具体步骤。

再次，保持乐观的、积极向上的态度，就会形成积极的皮格马利翁效应。遇到问题，把心态调试到积极乐观的一面。这是正面向困难发起挑战的态度，积极调动潜能、激发思维力，使其成为一种自我激励的力量。

如果我们以积极的认知风格去看待眼前的人、事、物，就能做出更有

价值的选择。但积极的认知不表示总做美好的预想和期待，而刻意回避不去了解那些不好的情况。人们在做事情之前也倾向于想象成功的和好的结果，这是因为好的结果具有吸引力，更重要的原因是坏的结果总让人望而生畏，人们更担心消极的心理暗示会让坏结果"预想成真"，因而常常带有侥幸心理不去思考。有白天就有黑夜，有美好就有糟糕，我们不能拒绝黑暗的存在，而应明白这些本是万物的运作法则。带着这份了然于心的知晓，再去审视那些将导致失败的因素时，去看待那些可能的坏结果时，就会带着更好的状态去探索可能的应对策略。即便想到的是消极的，但这是系统思考，带有更强大的心理韧性，能让我们做最完备的准备。

行动层：在规律中破局，相信无限可能性

领导力韧性由外部驱动＋内部驱动共同构筑形成。外部驱动是被动的，领导者在危机来临时仍能积极应对；内部驱动是主动的，领导者时刻保持危机意识，先于组织环境的变化主动进行自我革新。拥有高内部驱动的领导者是具有与困难共处的韧性的，但又具有一种持续、动态更新的意愿。无论外部环境怎么变化，他们都有自己应对的方式，在过程中找到意义和出路。而这种选择的权利和行动的方向给予他们生生不息的坚韧的力量。

多数人裹足在自己的舒适圈里，带着已知的经验和前人总结的规律日复一日地生活、工作，不愿更新观念。只有少数人在成长，他们愿意投入

热情、努力、坚持，甚至突破来发展自己的品质、潜能。他们相信开始行动，至道无难，唯嫌拣择。

小轮车（BMX）诞生于20世纪70年代的美国，一群群年轻人骑上酷飒的小轮车在泥场地里竞速，累并快乐着。很快，爱好者们就觉得仅限于此过于简单，他们为提升乐趣而不断尝试。

没有人会想到，参与尝试的人中能有人打破常规，开创了一种新的运动。一个叫Bob Haro的年轻人在前后轮的两旁安装了四根金属管，以满足做出多种花样动作的需求。后来，这位年轻人成了世界知名自行车品牌HARO BIKES的创始人。那四根金属管也变成了BMX必不可少的重要部件——火箭炮（PEGS）。2008年北京奥运会，小轮车成为正式比赛项目。

打破常规需要扎实的知识与技能储备，更需要敢想敢为的魄力和创造力，当企业或团队处于平稳、安定时期，领导者和团队成员会处在一种心理安全的状态里。然而，看似安稳和平常却悄无声息地滋生着自满、怠惰、闲散，使人停滞不前。在平稳的境况中，领导者更需要有引领变革的意识，积极打破现状，唤醒团队新的认知，从而孕育出更加骄人的业绩。

突破需要很大的勇气，放掉旧有的观念、习惯与模式，在更大的格局中看到无限的可能性。大部分的人都把注意力放在匮乏的资源上，所以玩着竞争与掠夺的游戏。那是因为内在充满对失去的恐惧，但恐惧才是让自己没办法真正地拥有更多丰富资源的阻碍。不是因为困难让我们恐惧，而是因为恐惧让我们困难。

那么，领导者要如何打破平稳的现状，采取主动、创造变革呢？动态管理的过程中，要不断经历经验学习循环（见图 10-1），以持续拓宽已有的技能范围和已知的领域，不断试错迭代，确保有更多战胜困难和挫折的储备能力。

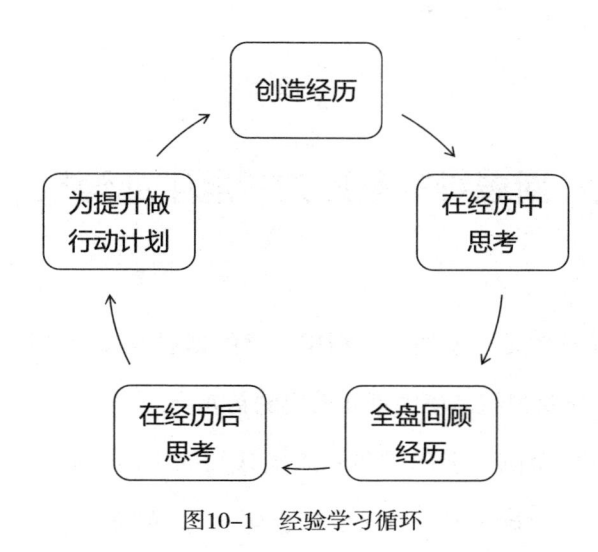

图10-1　经验学习循环

这一循环的目的就是帮助领导者不断向舒适圈以外发起挑战，经过不断的循环之后，领导者的舒适圈范围将逐渐扩大，整个团队的可拓展空间也将随之扩大。一个相关知识能力与技能越来越强的领导者将极大地增强领导自信，也能赢得下属的信任。

领导者需展现出"我要"的坚定能量，"要"做某事就是一颗信念的种子，只有清楚知道自己要什么，才会生发出一股主动创造的内驱力，目标、绩效就会被显化。如果所呈现的、所经历的还令自己不满意，则需要思考"我能"，思考我们的能力是否被调用、潜能是否被激发。

一个真正强大的领导者不仅要体现出自信和被信任，还要展现担当力和影响力。面对困难局面，在行动中如何整合资源、搭建外部关系网络，达到呈现协同作战的局面。这些既是破局的关键，也是领导者具有综合能力的体现。

要实现协同整合，领导者必须要向团队展现担当力，明确让团队知晓领导者愿意积极担负责任，并为行动后果兜底。

意识层：新思维的创造力，危中亦有机

卓越的领导者无一不是擅长利用自己的新思维探察环境变化的高手，也时刻准备着应对组织环境中不断出现的转变。

人的思维内容随社会的进步和人类认知的不断突破而持续迭代，所以人们总说"要用新知识、新思维武装自己"。在新思维淘汰旧思维的过程中，领导者无论是管理效率还是执行能力都得以不断提高。其实，领导者的管理效率与执行能力是一对不可分割的合体概念。管理的高效率来自领导者卓越的执行能力，让管理的每一步都更加顺利；而执行能力的提高也是得益于管理效率的提升，让领导者有时间能够思考更多的管理方法。

由加拿大汤姆森公司和英国路透集团合并组成的商务和专业职能信息提供集团——汤森路透，主要为专业企业、金融机构和消费者提供财经信息服务，例如电子交易系统、企业管理和风险管理系统、桌面系统、新闻，以及为从事法律、税务、会计、科学、医疗保健和媒体市场的专业人员提供智能信息及解决方案。

公司成立之初创立了一个极具吸引力的"催化基金"。汤森路透集团董事会主席戴维德·汤姆森介绍："信息提供的前提是要能搜集到信息，但搜集信息需要不断变换方法。哪有那么多的方法可供选用呢？所以要借用大家的脑袋，'催化基金'就是供公司内部员工实施他们的'点子'。"

实施方式是：汤森路透集团内部被划分出很多小团队，这些小团队在研究出一个方法后，团队内每人需要填一份申请单，写清楚对这个方法的想法和建议，并对建议的构思、市场、价值情况进行详细描述。如果通过了"创新委员会"的审核，就可以拿到一笔投资，用来快速尝试。

数年后，汤姆森对于为什么要实施"催化基金"项目给出了解释。他说："虽然我们的企业在那个时候走在了前端，但并不能保证我们始终能走在前端。让员工们集思广益，一方面员工既能发挥主观能动性、群策群力以让公司始终处于行业前列；另一方面是在员工给出方法和建议的过程中更多地接轨新环境、新信息，公司可以更早地从员工的发现中嗅出危机意识。"

汤姆森的新思维极大地开发了企业内部的资源，将每个人都调动了起来。然而，创新也要在可控的范围内。于是，公司让员工内部给新方法打分，最大限度地减少危机的发生。汤姆森的新思维不仅影响了自己，也一直影响着汤森路透集团内的每一名员工。大家都在"催化基金"的催化下成为"方法挖掘者"和执行行家。

汤姆森的另一项新思维是有关参与诺贝尔奖的预测。这是一件极具难度的事情，但汤姆森认为这是让公司再次引领潮流的好方法。在每年的诺贝尔奖评选前，汤森路透集团内部先评选出最具影响力的"获奖者"列入"引文桂冠奖"名单，并对外公布。

起初，人们并未在意。但随着时间的推移，大家渐渐发现"引文桂冠奖"的获得者与诺贝尔奖获得者的重复率相当高，这说明汤森路透集团的预测是具有可信度的，也证明了汤森路透公司对于信息的收集、分析、预测是成功的。

领导者的思维方式决定了其对企业的领导形式是怎样的，也将深刻影响企业其他人员，并最终形成企业的性格。在当前危机伴生、变革忽至的时代，领导者必须要具备领导力韧性，一方面，持续延展触角、拓宽舒适区范围；另一方面，主动推动团队内部变革，实现获取更加精益的管理效益。

导流层：看见一切背后的美善，成为美好的存在

心理学有个著名的测试：当一个人走在路上不小心摔了一跤，手肘或者膝盖部位跌出一个破洞，此人会有怎样的表现？

被测试者并不知道这是个实验，只是被要求换上试验方提供的衣服和裤子，然后在一处特定的地点有专门人员将被测试者撞倒。通常，人为了保护自己的头部都会借助手部支撑，很容易造成手肘衣服破裂。如果手的作用来不及发挥，则膝盖会成为最先触地的部位。被测试者中的大部分都

"按要求"摔破了衣服、裤子至少一个部位的布料。

但他们没有新衣服可换，也没有人可以求助，只能继续走在街上。这时，街上人来人往，所有衣服、裤子上有破洞的人都会感觉很不自在，认为别人在注意看他们身上的破洞，有的人一直试图遮掩，有的人则是低头走路，还有的人干脆不走了，转身站在那里。即便是衣服、裤子上没摔出破洞的人也不是很自然，毕竟刚刚在大街上摔了一跤，还是蛮丢人的。

在现实生活中，纵然没有心理学家设计的"摔跤"和"破洞"，或多或少也会有这样或那样的"受伤和难堪"。对于将所谓的"惨痛经历"记得最牢的人都是当事人自己。因为在他们的心里有过不去的关，有受不了的痛。他们被过往的受伤经验限制了，把自己关在自我意识的囚牢里，保护起来。并且总是在不自觉间，在一言一行中投射出不接受自己的那一面，甚至反复佐证，直到让每个人都认定我们确实就是那样。正所谓，境随心转，相由心生。一个人内心怎样看待自己，他在外面的世界就一定能找到相应的镜像。反之，一个人对外在世界的感受实际上反映了一个人内心世界是如何看待自己的。观点产生滤镜，就像戴着有色眼镜看世界一样，你的内心塑造了外在世界。很多人不愿意走出意识的囚牢，意识僵化尘封。是时候给自己进行一个大扫除了，就像家里大扫除一样，定期清理更新我们的意识内容。当你选择把人生的境遇当作难题时，你就把幸福远远地推开了；当你把人生的境遇看成一个包装得很丑陋的礼物时，你就拥有了获得幸福的天赋本领。

心理学强调，接纳自己比改变自己更为重要，自我接纳是自我改变的前提。我们之所以在意别人对自己的印象，无非希望得到别人的接纳和认可。但是，如果连自己都不能接纳自己，如何会被别人接纳呢！很多人只接受生命的高潮，无法接受生命的低谷。然而，律动为自然之道，正如河流不全是直的，唯有顺应自然之道，不执着地顺流，这样流淌的生命才是鲜活的。

一个自我接纳的人同样也会给别人带来信心。一位能够自我接纳的领导者，他能够活出真正的核心价值。因为他可以清晰地认知自己，了解自己的优势和劣势，知道自己的价值所在，知道如何发挥自己的价值与意义。一个人的自我价值并非由于外在的评价与肯定，而是需要放下内在所有不真实的自我贬抑、攻击、否定，相信自己具有无限潜能，相信就有奇迹。所有的限制并非来自外在的干扰因素，而是来自自我的限制与障碍，放下自我怀疑的旧有的信念与习性，有意愿就有方法。

动机是人类进化的原动力，生命的进化依赖不断更新与改变的力量。任何时代都存在很多推动历史文明进步的领袖，无论面临怎样的挑战，领袖都能带领和激励人们改变、创造，引导人们消除生命中的局限与障碍。

而领导力是引领团队意识转化、提升的能力，能够使人突破外在限制，转化思维意识，激发出前进动力，扩大生命的格局，迈向更高的生命维度；当团队集体意识处在高维度的创造频率中，就会成为一个健康、可持续发展的企业。

这源于企业领导者拥有一颗圆融的心，他的内心是柔韧的，给人以具足的信心。团队饱满的信心促使生成无坚不摧的创造力，生发出笃定的信念，会很强大。当团队共同圆梦、创造时，人们不再停留在职业的劳作层面，而来到了志的坚定层面，最终升华到福业的超越与传承层面。信念上升到信仰的高度，团队成员自发地精进，对工作心怀敬畏并精益求精。而一个百年企业的出现，即是因为信仰的力量作用与精神的一脉传承。

柔性力量的工作艺术

上善若水，有容乃大，厚德载物，这是柔性领导力的鲜活写照。一个具备领袖风范的柔性领导，必然拥有生命最本质的热情和醒觉的原力，这时工作将不只是工作，而是升华为一种艺术。工作、生活都被赋予爱和觉知，都将因生命流淌的热情而充满鲜活的生机。

1. 拥有静定的力量

每一天，每个人都需要一个时间让自己安静下来，去沉淀，去澄清。就像一杯浑浊的水，经过静置沉淀，才能变得清澈。

静，是明澈，是稳定，是沉淀之后的接纳、开阔与包容。静时，感同身受，澄净的心对所有生灵连接，在静定与心安之中，才能真正看到问题的本质与答案。

在忙碌的生活中抽出一点时间，安静地坐下来，闭上眼睛深呼吸，让心慢慢静下来就可以。从身体层面、精神层面，让自己稳住、安定下来。在这个过程中，你可以训练自己把精神集中于当下这一刻，放下过去的牵绊和对未来的不安，通过调整自己的心绪来增强心理韧性。

这样的静心会让自己聚精会神、气定神闲。它是一种因能量充足而带来稳定和放松的状态。静是一种手段，让我们可以无论何时都有定力，无论何种情境与状态之中都有一种稳定性。

在现代的生活中，人们往往都处于浮躁状态中，很容易一放松就懈息,一敏锐就紧张,但真正的放松是松而不垮、紧而不绷。我们应通过静坐与静心的习练,在动静之间找到平衡,动若脱兔、静若处子。

2. 拥有爱的力量

美国的布里居丝女士发起了一个叫"蓝丝带"的运动,每一个美国人都能拿到一条她设计的蓝丝带,写着"Who I am makes a difference"(我可以为这个世界做些改变)。

她四处演说传送蓝丝带,引发了许多感人的故事,也改变了许多人的命运。有一则故事发人深省:有一次,一位女士给了一个朋友三条蓝丝带,希望他能送给别人。这位朋友送了一条丝带给他不苟言笑、事事挑剔的上司。他觉得,由于上司的严厉使他多学到了许多东西。同时,他还多送了上司一条蓝丝带,希望他的上司能送给另外一个影响他生命的人。

他的上司对此感到非常吃惊,因为所有的员工对他都是敬而远之,他知道自己的人缘很差,没想到还有人会感念他的严厉,把它当成正面的影响和力量而向他致谢。这使他的心顿时柔软了起来。上司若有所思地在办公室坐了一下午,而后他提前下班回家了。

那天,他怀着一颗歉疚的心把蓝丝带送给了儿子。因为他和儿子的关系一直不太好,他忙于公务,不太顾家,对儿子也只有责备,很少赞扬。对此,他为自己一向的态度道了歉。他告诉儿子,其实他的存在给自己带来了无限的喜悦与骄傲。尽管他从未曾称赞他,也少有时间与他相处,但他十分爱他,也以他为荣。当他说完了这些话,儿子竟然号啕大哭起来。儿子对父亲说,他以为父亲一点也不在乎他,觉得自己的人生一点价值都没有,他不喜欢自己,恨自己不能讨父亲的欢心,正准备以自杀来结束自己的一生。

这位父亲吓出了一身冷汗,自己差点失去了独生儿子,从此,他改变了自己的态度,调整心态和生活的重心,也重建了亲子关系,加强了儿子对自己的信心。就这样,整个家庭因为一条小小的蓝丝带而彻底改变,一条蓝丝带为什么有这么大的魔力？

把爱说出来，把你的拥抱给出去，送出对他/她的祝福。感恩、祝福会净化我们自身的磁场，珍惜和善待身边的人，保持惜福和感恩，这些是人的幸福感最重要的来源。

柔性领导力脱掉了传统领导力的"束身衣"，撕碎了传统领导力的"绿皮书"，以焕然一新的生命能量向天空舒展枝丫，且每个枝丫都生长出希望与爱的叶子。领导者宽厚深沉的爱，正是为团队创造了公平、信任、专注、自治、无私的培养基。

柔性领导力的核心在于表象领导力的弱化，内在领导力的强化。它是领导者生命的成色、底蕴，是一种扎实的功夫，是一种刚柔相济、阴阳和合的气度，形成了领导力在实践中的人文之美。

柔性领导力意味着"可能性"与"完整性"，领导者不断的透过明心、净心升维自己的格局境界，看到一切背后的美好，在一切之中看到可能性与希望感，选择因相信而看见，心胜则兴。真诚地面对并摒弃那些心性的无明与小我，那些不再引领自己前进的、让我们无法享受和平、宁静、幸福、无畏、成功和终极快乐的心念，彻底清除它们。以更高层面之元素为心，生发出仁爱、智慧、胸怀和能量，让自己的生命有垂直攀登的路径。

稻盛和夫先生说，人生唯一的目的是修炼心灵，使其在谢幕之时比开幕之初高尚一点点。柔性领导力的修习并非一日之功，而是领导者晦养厚积，不断的心上用功，明澈心念的过程；是领导者持久地开发潜能，完整生命能量的过程；是领导者唤醒心之力，激扬他人心力资源建设的过程。领导者实现生命的跃升，就是透过柔性领导力化育人心，帮助他人建设心灵品质。领导者将因一份崇高感让生命一次一次地绽放，因一份开阔感将更多的人、更大的事儿装进心中，因一份负重感举起企业和社会的那份期待，不远千山万水，奔赴向一个更辽阔、更广大、更光明的远方。